GUIDO DE ÁVILA

El
REGRESO
del
CISNE NEGRO

PENIEL
BUENOS AIRES - MIAMI - SANTIAGO
www.peniel.com

El regreso del cisne negro
Guido Raúl Ávila

1a edición

Editorial Peniel
Boedo 25
Buenos Aires, C1206AAA, Argentina
Tel. 54-11 4981-6178 / 6034
e-mail: info@peniel.com
www.peniel.com

ISBN 978-1-949238-26-6

Las citas bíblicas fueron tomadas de la Santa Biblia Nueva Versión Internacional (NVI), salvo que se indique otra. Copyright © 1999, 2015 por Biblica, Inc.

Diseño de portada e interior: Arte Peniel • arte@peniel.com

Impreso en Colombia
Printed in Colombia

Contenido

Prólogo

Leí el manuscrito; la temática me parece fantástica, como la de tantos otros libros, pero la ansiedad que me produjo para seguir leyendo hasta el final me sucedió con muy pocas obras. La esperanza se me hizo más clara y renovada; la convicción de que debemos estar alertas, con fe y a la expectativa de que algo nuevo y bueno está por ocurrir. Estoy seguro que te pasará lo mismo.

Vivo en el mensaje de este libro, y estoy persuadido de que vivir con esperanza eleva el nivel de optimismo y motivación, aleja la depresión y el hastío. Este libro te llevará a caminar por un camino apasionante y te mostrará en "Quién" debes colocar tu confianza en cada momento de la vida. Sin dudas, *El regreso del cisne negro* te desafiará a extenderte más allá de tus límites autoimpuestos.

Conozco al autor. Hace más de veinticinco años que disfruto de la amistad del apóstol Raúl, y me regocijo cada vez que lo escucho predicar detrás del púlpito; es uno de mis favoritos. Pero también he visto su caminar en medio de la gente, el amor por su familia y por la gente que tiene a su alrededor en muchos países, hijos espirituales y cientos de amigos. Reconozco su humildad, me sorprende su profundidad en la Palabra y he experimentado su actitud dadivosa y desprendida, como un verdadero discípulo del Jesús a quién ama y ha dedicado su vida a servir. Fue un gran privilegio para mí que me haya pedido que hiciera el prólogo para este nuevo libro.

Creo en el Dios que aquí se presenta. El Señor del universo no puede ser puesto en un tubo de ensayo; nadie puede decirle cómo hacer las cosas. No es monótono, aburrido ni letárgico; es incontrolable, todopoderoso, impredecible, hace lo que quiere. El Espíritu Santo es un cisne negro que nadie puede controlar, tal como dice Isaías:

> *¿Quién puede medir el alcance del espíritu del Señor,*
> *o quién puede servirle de consejero?*
> *¿A quién consultó el Señor para ilustrarse,*
> *y quién le enseñó el camino de la justicia?*
> *¿Quién le impartió conocimiento*
> *o le hizo conocer la senda de la inteligencia?*

Ante ese Dios sabio y que hace mucho más de lo que podamos pensar y entender es ante quien me postro para adorar y orar esperando con avidez su nuevo mover, la aparición de ese "cisne negro", el momento en que algo nuevo y poderoso sople otra vez sobre nuestras vidas, iglesias y naciones.

—**Omar Daldi**
Pastor y presidente del Grupo Peniel.

Introducción

El mundo está habituado a sucesos negativos inesperados. Todos los días, a través de los medios de comunicación y las redes sociales, escuchamos y leemos de sucesos violentos, catástrofes naturales, noticias conmovedoras, problemas entre naciones y otros tantos más. Todo eso sorprende y *shockea* por escasos días, pues una nueva noticia o evento hace que nos olvidemos de la inmediata anterior. No obstante, en este contexto ocurren también sucesos inesperadamente positivos, que nunca tuvieron la posibilidad de ser predecibles y han sido, probablemente, imperceptibles.

Nassim Nicholas Taleb, ensayista, investigador y financiero libanés, nacionalizado estadounidense, es también miembro del Instituto de Ciencias Matemáticas de la Universidad de Nueva York. En el año 2007, publicó su libro *El cisne negro: El impacto de lo altamente improbable.* Es el estudio y análisis de sucesos inesperados e improbables que han ocurrido y ocurren en la historia de la humanidad y provocan un gran impacto que afecta de manera global, para bien o para mal.

Esto me inspiró a meditar que vivir la vida cristiana, con fe y expectativa en Dios, a través de Jesucristo, provoca sucesos de tipo cisne negro. Sucesos que obran a nuestro favor, de bendición y de manera inesperada. Y, probablemente, a menudo no los identificamos pues estamos cargados de lo inmediato, de asuntos por resolver, de preocupaciones que nos pasan por encima. Están a nuestro alcance, pero no los vemos ni, mucho menos, los recibimos.

Mi propósito es que, a través de la lectura de este libro, sea abierto nuestro entendimiento y le pidamos a Dios Padre revelación para esperar con expectativa lo que humanamente es imposible alcanzar y obtener, y entender que solo un suceso tipo cisne negro, de su parte, puede y podrá traer solución en donde, de otra manera, jamás la obtendríamos.

CAPÍTULO 1

El regreso del cisne negro

—De veras te aseguro que quien no nazca de nuevo no puede ver el reino de Dios —dijo Jesús.

—¿Cómo puede uno nacer de nuevo siendo ya viejo? —preguntó Nicodemo—. ¿Acaso puede entrar por segunda vez en el vientre de su madre y volver a nacer?

—Yo te aseguro que quien no nazca de agua y del Espíritu no puede entrar en el reino de Dios —respondió Jesús.

—JUAN 3:3-5

Cristo le comienza a hablar a Nicodemo de cosas que parecen ilógicas e impredecibles, y le termina diciendo: *"No te sorprendas de que te haya dicho: 'Tienen que nacer de nuevo'. El viento sopla por donde quiere, y lo oyes silbar, aunque ignoras de dónde viene y a dónde va. Lo mismo pasa con todo el que nace del Espíritu"* (vv. 7, 8).

El cisne negro es la explicación de sucesos inesperados. Taleb indica que este tipo de eventos encierra una carga de sorpresa tal que multiplica su impacto; nadie lo esperaba, pero ocurrió. Hasta el siglo XVII, todos los cisnes eran blancos cuando, de pronto, un suceso inesperado —una mutación genética— hizo que apareciera un cisne con plumas negras. Algo totalmente sorpresivo e inédito.

El cisne negro se trata de un evento que es percibido como enormemente improbable, impredecible e inesperado, y tiene consecuencias considerables. Luego de ocurrir, suelen presentarse elaborados razonamientos lógicos para demostrar que no hubiese sido demasiado difícil vaticinar el suceso. En general, cuando llegamos a la conclusión de que algo es altamente improbable, nuestra reacción suele ser olvidarnos del asunto y no pensar en ello nunca más, pero eludir ciertas cuestiones por la baja probabilidad de que ocurran puede ser un gravísimo error.

Para Taleb, los acontecimientos tipo cisne negro son perfectamente explicables *a posteriori*. Hay dos explicaciones: o las personas viven ajenas a las señales que producen y, por lo tanto, no las perciben, o viven ideológicamente en otro mundo. El primer supuesto explica la conmoción internacional ante realidades como el Brexit británico o el triunfo de Donald Trump, que hasta una semana antes era considerado por todos como el gran perdedor frente a Hillary Clinton. La tesis del cisne negro mantiene que solo con retrospección podremos volver a ver el pasado y darnos cuenta de las señales inadvertidas.

¿Cómo sabemos si estamos seguros y en equilibrio? ¿Cambiará el *statu quo*? ¿Cómo predecimos el futuro? A estas preguntas, Beltrand Russell, en 1902, en su obra *Los problemas de la filosofía*, explicó que toda persona tiene que estar preparada, porque las cosas que rodean su vida cambiarán, y acontecerá sin aviso y violentamente. Lo curioso es que el rol del suceso cisne negro juega con repercusiones mucho mayores que aquellos regulares u ordinarios. Lo inesperado y extraño es extraordinario y raro, y esto es realmente importante y relevante.

Russell también habla sobre la importancia que tienen en la historia de la humanidad los eventos sin dirección e inesperados, normalmente ignorados por sus bajas probabilidades de que sucedan, por ser extremos y azarosos. Son cisnes negros que aparecen después de haber millones blancos.

Así, el suceso del 11 de septiembre de 2001 de las Torres Gemelas en Nueva York podría haberse previsto a través de la retrospección, pero solo pudo analizarse *a posteriori* porque hacer un retrospección sin saber lo que se busca es inútil, nunca se encontrará.

Cuando los pilares de nuestra vida se tambalean, en lugar de buscar la causa, tendemos a aferrarnos a ellos con más fuerza. Desde la probabilidad, un cisne negro es un evento inusual y, por tanto, inesperado, con efectos positivos o devastadores ya que no se está preparado para enfrentarlo y, en el mejor de los casos, solo se logró imaginar que le ocurriría a otros, pero jamás a uno mismo. Por ejemplo: un terremoto es un cisne negro.

Desde la época del poeta romano Juvenal —fines del siglo I y principios del II—, se asumía que todos los cisnes eran blancos, pero bastó la aparición de uno solo con plumas negras (hecho ocurrido durante la colonización de Australia, siglo XVII) para que una verdad que parecía incuestionable se derrumbase como castillo de naipes, explica Taleb. Esta anécdota le sirvió para explicar su tesis central: es difícil entender eso que llamamos realidad y es imposible predecir cisnes negros porque nuestra cabeza y las estadísticas están diseñadas para registrar patrones o regularidades, no eventos raros. Lastimosamente para nosotros, los fenómenos inesperados son los que conducen el destino de la historia.

Los sucesos tipo cisne negro descritos por Taleb se refieren a casi todos los descubrimientos científicos, hechos históricos y logros artísticos sin dirección e inesperados: Internet, la computadora personal, el teléfono móvil, la Primera Guerra Mundial, los ataques a las Torres Gemelas, entre otros.

Según Taleb, para que un fenómeno pueda considerarse un evento tipo cisne negro deben darse tres condiciones:

1. El evento es sorprendente y no había ocurrido

hasta entonces. Muy pocos —o nadie— podrían haber pensado que ocurriría alguna vez.

2. El impacto es enorme, ya sea positivo o negativo.

3. Una vez ocurrido, la explicación de por qué ocurrió y cómo podía haberse previsto es relativamente sencilla. Todo el mundo se vuelve un experto en explicarlo pero nunca pudieron preverlo.

Tomando como base lo explicado anteriormente, en el evangelio de Juan tenemos un evento majestuoso tipo cisne negro. Un hombre importante de la comunidad judía está desconcertado por las palabras dichas por Jesús.

De veras te aseguro que quien no nazca de nuevo no puede ver el reino de Dios —dijo Jesús. (...) El viento sopla por donde quiere, y lo oyes silbar, aunque ignoras de dónde viene y a dónde va. Lo mismo pasa con todo el que nace del Espíritu.

—JUAN 3:3,8

El Espíritu Santo es un viento, un cisne negro que aparece. Es incontrolable, impredecible, y eso puede causar una gran angustia o una gran emoción en las personas. Hay gente que cree que tiene todo controlado, que sabe todas las cosas y las tiene bien estructuradas; mas cuando aparece un evento cisne negro, este le sacude el cerebro y se angustia porque se le desacomoda el mundo donde se desarrolla todos los días. El hombre, al ser arrancado de su desorden (que para él es su orden), entra en crisis. Si nuestra estructura de pensamiento es cerrada nunca van a ocurrir sorpresas cuando venga el Espíritu de Dios. Por el contrario, habrá angustia; mas si estamos abiertos y expectantes a su mover, y le decimos al Señor que nos sorprenda, Él va a llevarnos a situaciones y experiencias que nunca creímos que serían para nosotros en este tiempo.

Las discusiones que se presentan en la Iglesia acerca de los dones del Espíritu Santo y sus visitaciones se deben a que la gente tiene toda su teología y estructura armadas. Es bueno estar ordenado, pero nuestro orden debe ser lo suficientemente flexible como para que si el Espíritu Santo entra y hace cosas diferentes no nos angustiemos sino que sea motivo de celebración.

En el verso 8, la palabra *viento* se refiere al Espíritu Santo; y cuando dice *"nace del Espíritu"* habla de la persona que ha tenido un encuentro con el Espíritu Santo y se ha convertido a Él. Tú ignoras de dónde viene el viento y a dónde va; y lo mismo sucede con el Espíritu de Dios: nunca se sabe todo de Él. Por eso cuando ores por la respuesta divina y comiences a creerla, no la condiciones, procura estar abierto a lo que el Señor va hacer, pues no sabes de dónde viene ni a dónde va.

Tu oración debe ser: "Señor, sorpréndeme". La oración de la mañana debe ser como la del criado de Abraham, Eliezer: *"... dame, te ruego, el tener hoy buen encuentro..."*

(Génesis 24:12 RVR60). En otras palabras, "quiero una sorpresa". Cuando Eliezer se ubicó junto al pozo a esperar por la doncella, la oración que él hizo fue irracional, con cero posibilidades, ¿por qué? Porque esperaba por una doncella y junto al pozo, ni siquiera entró a la ciudad.

> *He aquí yo estoy junto a la fuente de agua, y las hijas de los varones de esta ciudad salen por agua. Sea, pues, que la doncella a quien yo dijere: Baja tu cántaro, te ruego, para que yo beba, y ella respondiere: Bebe, y también daré de beber a tus camellos; que sea ésta la que tú has destinado para tu siervo Isaac; y en esto conoceré que habrás hecho misericordia con mi señor.*
>
> —GÉNESIS 24:13-14 (RVR60)

Es una oración que no puede ser contestada humanamente, sin ninguna posibilidad de que se cumpla, pero Rebeca apareció e hizo todo lo que Eliezer había pedido.

Cuando ores, luego de que Dios comience a contestar, cuídate de no desconfiar, preguntándote si será o no será. Debes creer que el que comenzó en ti la buena obra la perfeccionará hasta el final.

La Biblia está llena de sucesos cisne negro. Si no tuviera esos eventos, sería un libro sin razón y aburrido, escrito por una mente muy hábil, pero nada más. Pero la Palabra está repleta de ellos. Mencionaré algunos:

El triunfo de David frente a Goliat es un cisne negro. El gigante había estado cuarenta días levantándose y vociferando en qué terminaría aquello. Con una estatura de casi tres metros, pidió que le presentaran a un hombre que luchara con él. Si él vencía, los israelitas serían sus esclavos; pero si estos triunfaban, serían servidos por los filisteos. Goliat se les aparecía por las mañanas y por las tardes, y les gritaba las mismas palabras, de tal manera que intimidaba y hacía temblar de miedo a todos los hombres de Israel. Esto lo hizo por cuarenta días; ganó la pelea sin levantar una sola lanza, pues se dejaron vencer solo por oír.

Debes cuidar qué escuchas todos los días, pues según lo que escuches terminarás quebrado o te llenarás de fe y valor. Salomón expresó que *"en las muchas palabras no falta pecado"* (Proverbios 10:19, RVR60).

Goliat gritó: "Denme un hombre", y los israelitas se vinieron abajo. Les lanzaba el grito por las mañanas y las tarde y, dice la Escritura, huían de él con gran temor. Con solo ver la figura de Goliat, huían espantados. El gigante les hizo un trabajo psicológico y los quebró en cuarenta días. Sabía que ninguno de ellos podría hacerle frente porque las guerras se libran con palabras.

El conflicto o la dificultad se muestra más fuerte cuando está a punto de caer. Satanás se muestra más poderoso y te hace ver que no vas a salir de esa situación que te agobia. Por lo tanto, no debes escuchar a un derrotado por más que grite, porque, si puedes creer, el Señor ya te entregó la victoria.

En la Biblia, vemos que David aparece escuchando a

Dios, peleando con osos, cantándole a su Padre y lleno de su Palabra. Entonces, cuando el salmista escucha a Goliat, en vez de tener miedo, se ríe (1 Samuel 17:26).

El que apareció fue un cisne negro que no estaba en los planes de Saúl (1 Samuel 17:32-40). Ganarle a Goliat con cinco piedras y una honda era improbable, cero posibilidades. Todos en Israel veían cómo Goliat iba a despedazarlo. David aparece en medio de circunstancias de gran opresión e intimidación, y la incredulidad ya había ganado sus mentes. El salmista convenció a Saúl, aunque sus hermanos no creían en él; y ya todos conocemos el final. Y contestó al coloso: *"Tú vienes contra mí con espada, lanza y jabalina, pero yo vengo a ti en el nombre del Señor Todopoderoso, el Dios de los ejércitos de Israel, a quien has desafiado"* (1 Samuel 17:45). Los hombres más famosos en las guerras de Israel eran los que tenían las hondas. El libro de Jueces dice que uno de estos podía cortar el cabello de un hombre a treinta metros (vea Jueces 20:16).

Un cisne negro apareció en escena, algo inesperado e improbable que cambió a Israel para siempre. Nadie esperaba que David apareciera, nadie pensó que pudiera hacerlo. El rey Saúl se burló de él, los hermanos se incomodaron al verlo y lo ridiculizaron, pero David sí creía, Dios lo creía, y un cisne negro entró a escena y cambió todas las probabilidades.

Nuestros sentidos espirituales y físicos deben estar apercibidos a lo que Dios está haciendo. Debemos pedirle que nos dé discernimiento para entender los tiempos que vivimos, porque en medio de las crisis y de lo convulsionado del mundo, el Señor está haciendo cosas maravillosas en nuestras naciones, vidas y familias: el cisne negro ha regresado.

El siguiente cisne negro que observamos en la Biblia es el del muchacho con los cinco panes y dos peces, y la alimentación de los cinco mil. Lo leemos en Juan 6:1-14.

Cuando Jesús alzó la vista y vio una gran multitud que venía hacia él, le dijo a Felipe:

—¿Dónde vamos a comprar pan para que coma esta gente? Esto lo dijo solo para ponerlo a prueba, porque él ya sabía lo que iba a hacer.

—Ni con el salario de ocho meses podríamos comprar suficiente pan para darle un pedazo a cada uno —respondió Felipe.

—JUAN 6:5-7

¡Dios sabe qué hacer en cada circunstancia! Humanamente, no había probabilidades; contablemente hablando, cero; en la mente de sus discípulos y de toda la gente allí presente era imposible, desquiciado, una locura. Pero allí había un muchacho con cinco panes y dos peces.

Jesús hizo recostar a la gente, bendijo los panes y los repartió entre sus discípulos. Comieron cinco mil hombres, sin contar a las mujeres y los niños, y recogieron doce cestas con lo que sobró. Pregunto: ¿había posibilidad alguna de alimentar a tan gran multitud con cinco panes y dos peces? No, era probabilidad cero, era imposible e inesperado, pero ocurrió, y si ocurrió, volverá a ocurrir.

La situación de necesidad hoy te hace pensar que no saldrás de allí, que no tienes ninguna chance, pero Dios está por generar un evento cisne negro, que cambiará dramáticamente a tu favor toda la situación que atravieses.

¡Qué decir del derramamiento del Espíritu Santo en el aposento alto! Doce discípulos atemorizados junto con otras personas. En total, ciento veinte personas esperando la promesa y, de repente, sin previo aviso, en un día normal, el Espíritu Santo irrumpió como un viento recio, soplando y asentándose sobre cada uno de ellos. Se aparecieron lenguas como de fuego. Toda la ciudad se conmocionó porque escuchó un gran estruendo y comenzaron a preguntar qué era aquello. De esos doce apóstoles, discípulos de Jesús, en diecisiete capítulos del libro de los Hechos se dice de todos ellos: *"Estos que han trastornado el mundo entero han venido también acá"* (Hechos 17:6).

Un cisne negro apareció, inesperado, improbable. ¡Surgió en Pentecostés!

Has llegado al momento en que tienes que creer en las oraciones que haces o de lo contrario no ores más. Cree que Dios contesta tu oración y aférrate a Él o entrégate a la intimidación, el temor y la angustia. Dios está de tu lado. Primera de Juan 4:4 dice: *"Ustedes, queridos hijos, son de Dios y han vencido a esos falsos profetas, porque el que está en ustedes es más poderoso que el que está en el mundo"*. ¡El cisne negro ha regresado a tu vida!

Extraje siete enseñanzas de los relatos bíblicos antes expuestos. No obstante, la Biblia está llena de esos sucesos inesperados, y solo una mente que cree en el Señor todopoderoso puede creer y esperar que sucedan. Por el contrario, los racionales no pueden entenderlo, por eso cuando esto ocurre no pueden explicar cómo.

1. Nunca digas nunca. Todo lo improbable y lo inesperado puede suceder. Cuando Dios te habla, tienes paz en medio de toda la adversidad. Habrán días que estés cansado y necesites ayuda de otros, pero no siempre requerirás del aliento de alguien más, porque de lo contrario el diablo te controlará solo con apretar el botón de angustia, y de inmediato estarás desesperado. Por lo tanto, cree en Dios. Nunca digas nunca.

2. Toda cita divina y todo milagro tienen como escenario el mundo físico en el cual vivimos. Lo que ocurre en las naciones, las circunstancias de la vida y, aun, la maldad, todo Dios lo usa para sus propósitos. Si tiene que valerse del diablo para sus fines, lo hará, porque incluso el mundo infernal puede servir a los propósitos del Dios eterno. Todo milagro obedece a un historial de clamor, de oración, de deseos y de profecías, y llega a nuestro mundo para sorprendernos y dejarnos con la boca abierta.

3. Más místico, menos racional. Mientas más místico seas —no, raro—, más serás una persona del Espíritu que, aunque se halla en el mundo físico, vive el mundo invisible de Dios (que es el mundo real), donde todas las improbabilidades son probabilidades, donde todo lo imposible se hace posible. Mientras más místicos seamos y menos racionales —de esos que para todo buscan explicación—, experimentaremos más sorpresas divinas porque Dios está en control.

Mi gran desventaja fue que mi madre no tuvo ni el dinero ni la visión suficientes para enviarme a estudiar; por lo tanto, todo mi conocimiento terminó en la escuela primaria. Esa desventaja me convirtió en un autodidacta y me llevó a leer, indagar, examinar, instruirme y aprender suficiente de ciertos tópicos, lo cual continúo realizando hasta el día de hoy. Cuando voy a una reunión ministerial, social o de negocios, no actúo como "el que se las sabe todas", sino, por el contrario, estoy abierto para aprender de otros, de los jóvenes, de los niños y de los ancianos, pues nunca vamos a dejar de aprender y enriquecernos. Tampoco presto mi oído para cualquier conversación o comentario ya que en la vida hay que saber escoger, y nadie puede tirar basura en tu ser interior. La decisión es personal.

Mi gran ventaja al no ir a la secundaria ni a la universidad fue que, no habiendo podido desarrollar de manera importante mi lóbulo izquierdo del cerebro, no ahogué el lado derecho de lo místico, de lo creativo.

Si un padre le dice a su niño de 3 o 5 años que

se lance del árbol donde está encaramado porque él lo espera abajo y lo sujetará, su hijo se lanzará ya que le cree a su papá. El niño no racionaliza el mandato de su papá, solo cree que él no va a dejarlo caer ni lastimarse. Claro que entiendo que es importante prepararse académicamente, pero si la obsesión es andar de curso en curso, la persona puede tornarse tan lógica y racional que minimizará o anulará lo milagroso, lo místico, lo divino. La Biblia nos enseña que Dios multiplica las fuerzas al que no tiene ninguna. Para una mente racional, es un texto estúpido, porque no hay multiplicación por cero que no dé como resultado cero. Pero en el Señor, cualquier número multiplicado por Él dará resultados impredecibles, inesperados, puesto que se trata del ámbito de las posibilidades divinas, y Dios tiene el control de todas las cosas.

¿Quién hubiese podido creer que Nabucodonosor, rey del Imperio babilónico, llegaría a comer pasto como los animales del campo?

... fue apartado de la gente y recibió la mente de un animal; vivió entre los asnos salvajes y se alimentó con pasto como el ganado; ¡el rocío de la noche empapaba su cuerpo! Todo esto le sucedió hasta que reconoció que el Dios Altísimo es el Soberano de todos los reinos del mundo, y que se los entrega a quien él quiere.

—DANIEL 5:21

Lógicamente, era improbable que el gran Nabucodonosor, que dominaba todo, terminara por mandato de Dios en semejante estado. Pasó siete años como un loco.

Pasado ese tiempo yo, Nabucodonosor, elevé los ojos al cielo, y recobré el juicio. Entonces alabé al Altísimo; honré y glorifiqué al que vive para siempre: Su dominio es eterno; su reino permanece para siempre. Ninguno de los pueblos de la tierra merece ser tomado en cuenta. Dios hace lo que quiere con los poderes celestiales y con los pueblos de la tierra. No hay quien se oponga a su poder ni quien le pida cuentas de sus actos.

—DANIEL 4:34-35

No te angusties, no temas, ¡Dios sabe como obrar con los poderosos de la Tierra!

Mientras seamos más místicos, y menos racionales, experimentaremos más sorpresas divinas. Dios está en control.

4. Debes vivir en la expectación de la fe. No precipites lo que Dios hará a través de alguien o de un evento improbable. David era un pastor de ovejas, no un guerrero; sin embargo, se convirtió en un cisne negro que transformó la historia de Israel. Un muchachito que solo tenía cinco panes y dos peces se convirtió en el dador para que Cristo hiciese la multiplicación para alimentar aproximadamente a veinte mil personas. Un grupo de timoratos que estaba en el aposento alto —más temiendo por su seguridad que esperando en Dios— se transformaron en los que trastornaban el mundo entero, y gracias a ellos, el cristianismo llegó hasta nuestros días.

Tú, un manojo de virtudes y de defectos, una persona con fortalezas y debilidades, con preguntas y con respuestas que no han llegado, con cosas que quieres saber y que te son vedadas, que a veces crees en Dios y que tienes toda la fe del mundo el domingo, pero para el miércoles parece que la fe se te escabulló y no te queda nada, el Señor puso sus ojos en ti para que te vuelvas un cisne negro, para que recibas un cisne negro y te haga cambiar la vida por completo, porque *Dios toma lo que no es, para deshacer lo que es, a fin de que nadie se jacte en su presencia* (ver 1 Corintios 1:28-29).

5. Ábrete a lo improbable. Haz un ejercicio mental, un ejercicio improbable. Piensa en los próximos minutos qué suceso de probabilidad cero podría ocurrir en tu nación, en tu hogar, en tu matrimonio, en tus hijos, en tu vida. ¡Piensa en un evento imposible! No has visto respuesta en tu oración porque oras a un gran Dios y actúas como un incrédulo. Oras con gran fe en tu oración privada y luego sales y un Whatsapp puede trastornar tu día, y vuelves otra vez a lo mismo.

Si piensas en una opción como "imposible" en tu negocio, haces huir a tu cisne negro. Tienes un sueño, pero necesitas que alguien te lo financie. Y piensas: "Si apareciera alguien que me diera quinientos mil dólares", y entonces, ahí mismo, te dices: "¿Qué estoy pensando? Eso no puede pasarme". Por favor, considera una opción con cero probabilidades, porque esas son las respuestas que a Dios le gusta dar. Si vas a pedirle en oración que te sane del dolor de cabeza pero a la misma vez te tomas diez pastillas, no seas necio: tómate las pastillas, y listo. Pero una opción en la que el médico dijo que no había probabilidades —por ejemplo, que te prepares para vivir ciego por el resto de sus días porque no hay salida—, tal es una opción cero.

En tu nación, familia, negocio, en tu propia vida, ¿por qué no puede aparecer un cisne negro? Un evento improbable, una respuesta que nunca esperabas. Sara, la esposa de Abraham, jamás pudo imaginar que a los 90 años iba a quedar embarazada. El Dios de los cisnes negros es tu Dios, y Él es Señor de las naciones.

6. Dios tiene para ti un cisne negro, porque te ama. Espera un evento, una persona, una bendición, un improbable que nunca pensaste que te ocurriría, pero sucederá porque está escrito: *"Ningún ojo ha visto, ningún oído ha escuchado, ninguna mente humana ha concebido lo que Dios ha preparado para quienes lo aman"* (1 Corintios 2:9).

El impacto será enorme, para tu bien. Mi Biblia dice: *"Porque yo sé muy bien los planes que tengo para ustedes —afirma el Señor—, planes de bienestar y no de calamidad, a fin de darles un futuro y una esperanza"* (Jeremías 29:11). Una sanidad, un milagro, una provisión que te hará decir: "¡Dios mío, qué es esto!".

El cisne negro ha regresado. El gran desafío de la fe no solo es llamar las cosas que no son como si fuesen, sino también creer, sin darle lugar a la duda, que lo que hemos llamado a la existencia llegará. Puede tomarnos un tiempo, pues es necesario cambiar la mentalidad para cambiar la manera de vivir. Mas Dios ha puesto sus ojos sobre sus hijos y sobre las naciones de la Tierra, y los planes del Eterno se cumplirán por encima de cualquier pronóstico. Dios nos ama.

¡El cisne negro ha regresado! ¡Lo que tiene que ocurrir ocurrirá!

Es muy sencillo explicarlo cuando ya ocurrió. Es muy sencillo decirlo cuando ya todo pasó.

Cuando le creas a Dios, Él pasará por encima de cualquier obstáculo o adversidad y enviará su cisne negro, un evento, un acontecimiento que te sacudirá y pondrá tu vida en otra dimensión, aun cuando la probabilidad sea cero.

¿Por qué pensar en lo mismo de siempre queriendo obtener resultados diferentes? Allí donde te encuentras hoy, con el libro en tus manos, piensa en algo de probabilidad cero —que, si se lo cuentas a alguien se reiría—, en algo que necesitas para cumplir el sueño que Dios te ha dado, pero que no tiene la más mínima posibilidad. ¿Ya lo tienes? Bien. A partir de ahora, hazte más audaz en la oración. Tienes que creerlo, porque después que ocurra será muy sencillo explicarlo.

El Jesús que nos salvó fue un niño, y también fue un feto en el vientre de una muchacha insegura que le creyó a Dios, pero que no tenía todo su mundo seguro. Ese niño necesitó de los pechos de María para ser amamantado, necesitó que su padre adoptivo huyera a Egipto para guardarlo. El Dios todopoderoso se hizo tan débil para que nosotros con su debilidad fuésemos fuertes y Él, nuestro Salvador. Sí, esa persona de la que dijeron *"¿De Nazaret puede salir algo de bueno?"* (Juan 1:46, RVR60) se transformó, sin embargo, en el Salvador del mundo y vive por la eternidad.

El Señor siempre buscará el *momentum* para que nazca un cisne negro, y sigan naciendo. ¡Tienes que creerle!

Necesitas creer, y entonces tu oración tomará otra dimensión. Di conmigo: "¡Mi cisne negro ha regresado!".

CAPÍTULO 2

El cisne negro ya está en acción

Todos se llenaron de temor y alababan a Dios.
—Ha surgido entre nosotros un gran profeta —decían—.
Dios ha venido en ayuda de su pueblo.
Así que esta noticia acerca de Jesús se divulgó por toda Ju-
dea y por todas las regiones vecinas. Los discípulos de Juan
le contaron todo esto. Él llamó a dos de ellos...

—LUCAS 7:16-18

Daniel Mebedog, en el año 2015, escribió en Madrid lo siguiente:

¿Por qué el cisne negro? ¿Por qué el futuro es sorprendente?

Cuando especulamos sobre eventos y posibles acontecimientos del futuro, estamos marcados por dos pesos: nuestra seguridad y certeza del instante presente, y nuestra reminiscencia de la memoria del pasado. El pasado nos ofrece cierto confort lógico y el presente casi comparte esta sensación de certeza, pero solo en parte, no en su totalidad, pues dejamos el resquicio de lo sorprendente.

Los filósofos saben eso; sobre todo, están familiarizados con el tiempo y el acontecer, a pesar de que no cuentan con la certeza de los hechos. Los datos empíricos pueden ser irrelevantes para mucha gente; no conocemos ni queremos reconocer nuestra frágil incapacidad para tener conocimiento del futuro. Dependemos de los acontecimientos pasados como esclavos temporales a pesar de saber que no garantizan el conocimiento del futuro. Suponemos que algo parecido a lo que ha sucedido en el pasado sucederá también en el futuro. El futuro es impredecible, pues nuestro abanico de acontecimientos intelectuales, emocionales y espirituales es ignorado debido a nuestra inocencia o al no querer saber ciertas cosas. El impacto de la imprevisibilidad es devastador.

Es importante recordar y tener presente las tres condiciones de la teoría del cisne negro:

1. Son imposibles de predecir.
2. Tienen un alto impacto en la sociedad, ya sea en términos positivos o negativos.

3. Después de ocurrir, las personas tienen miles de explicaciones, todos se vuelven sabios, dicen que era normal y esperable, pero nadie lo predijo.

La tendencia natural es racionalizarlo para construir la sensación ilusoria de que aquello acontecido era de esperarse.

El hecho es que no sabemos por qué los cisnes negros existen, ni cuándo nacerá el próximo. Es la naturaleza de los cisnes negros: ocurre de manera impredecible y nos sorprende con su apariencia extravagante, mas una vez ocurre, los expertos explican su presencia y existencia como si ello fuese un evento zoológico que veía venirse.

El aspecto frustrante de la teoría del cisne negro se presenta cuando el público expectante pide una declaración de los expertos sobre cuándo el próximo cisne va aparecer, cosa que es una ridiculez pues nadie puede predecirlos.

La teoría del cisne negro declara el postulado de que, por definición, no pueden prevenirse ni evitar su presencia o existencia en la naturaleza. Sin embargo, la gente sigue creyendo cómodamente que ambas eventualidades son posibles, probables y factibles, lo que es un despropósito lógico: más les valdría reconocer que nada saben.

El que sí sabe todas las cosas que habrán de venir es el Espíritu Santo. Por eso Cristo dijo: *"Les conviene que me vaya..."* (Juan 16:7). Para las personas que no tienen al

Espíritu Santo. Los eventos tipo cisne negro tomarán por sorpresa a aquellos que no tienen el Espíritu Santo. Pero encontrarán preparado a quien camina lleno de Él, de manera que será impulsado a otras dimensiones gloriosas. El problema es que una porción importante de personas que pertenecen al Cuerpo de Cristo viven más por ilusiones, por sueños raros que ni ellos entienden y por cosas que les dijeron que ni ellos mismos piensan.

> *¡Miren a las naciones!*
> *¡Contémplenlas y quédense asombrados!*
> *Estoy por hacer en estos días cosas tan sorprendentes que*
> *no las creerán aunque alguien se las explique.*
> —HABACUC 1:5

Un suceso tipo cisne negro siempre será de alto impacto y sorprendente. Prestemos atención a este tipo de eventos en las naciones de acuerdo con esta porción de las Escrituras.

1. Habacuc dice "Miren, contemplen". En otras palabras: "Presten atención, no sean ciegos, no vivan en una burbuja ajenos a lo que sucede a su alrededor, encerrados en su propio gueto, en su propia cosmovisión pequeña".

Yo pertenecía a un grupo de WhatsApp del que finalmente salí. Era un grupo de gente buena, pero cuando alguien escribía algo de lo que ocurría en el país —en lo político, en lo social, en lo económico—, enseguida algunos de ellos contestaban que allí no podía hablarse de eso, solo podía confesarse la Palabra. Confesar lo que está escrito en la Biblia está muy bien, pero no puedes eludir lo que se vive a tu alrededor, ignorando las realidades que vive nuestra comunidad y sociedad.

Si nos dice "miren" es porque no estamos mirando; si nos dice "contemplen" es porque no vemos las cosas que están a nuestro alrededor, ya que vivimos en nuestro pequeño mundo.

2. Vive en el poder del asombro. No dejes que la indiferencia te quite el vivir asombrado. Cristo dijo que si no nos volvemos como niños ni entraremos al Reino de los cielos. Te invito a vivir en el poder del asombro divino, porque de esta manera van a ocurrirte las cosas asombrosas de Dios, pero si eres una persona con cara larga, apesadumbrado, vives y vivirás en sentido contrario a todo lo que es la fe.

Si vives en el poder del asombro divino, el Señor traerá a tu vida respuestas inauditas. No lo limites. Cree, ora, espera, obedece, y Él te sorprenderá de la forma más inesperada.

¡Vive en el poder del asombro de las cosas buenas!

3. No permitas que un suceso tipo cisne negro te tome por sorpresa. Si tienes el Espíritu Santo dentro de ti, Él te preparará y te revelará lo que has pensado y orado sobre aquello que tiene cero posibilidades; quizá, algunos

se hayan reído al saber que oras por cosas que en el ámbito de las posibilidades no son factibles de obtener.

En una oportunidad en que yo predicaba en los Estados Unidos, un mensaje titulado "Dame, te ruego, el tener buen encuentro", observé que unos asistentes tenían cara de sorpresa. El pastor Jim Burns, quien me servía de traductor, me explicó que esa frase en el inglés antiguo significa: "Dios, ponme en la velocidad correcta para hoy tener aquello que mi señor Abrahan me mandó hacer".

El Señor va a ponerte en la velocidad correcta, en el tiempo correcto, con las cosas y personas correctas algo que tenía cero probabilidades.

Dile a tu cisne negro: "¡Estoy esperándote!".

4. Rechaza la incredulidad. Deja tus argumentos. ¿Por qué es más fácil vivir en la incredulidad que en la fe? Si cada día se cuestiona por qué las cosas son de tal manera y no de otra, en lugar de alimentar la fe fortalece la incredulidad. No viva en la contradicción de esperar respuestas de parte de Dios sin alimentar la comunión con Él y, por ende, la fe.

La expectación de la fe nos hace vivir en una atmósfera diferente, donde las probabilidades cero pueden ocurrir.

El evangelio de Lucas nos enseña que la aparición de Jesús fue un cisne negro en sus días. Para los que esperaban en Dios, la venida del Mesías fue lo mejor que les pasó. Al principio temieron, pero luego glorificaban al

Señor y estaban asombrados. Para los judíos y herodianos fue una catátrofe; para los escribas, Jesús fue una piedra en el zapato, un cisne negro que les amargaba la vida.

El cisne negro ya está en acción en tu nación, en tu congregación, en tu familia, en tu vida. Prepárate para recibir lo que tiene cero posibilidades.

Lo que no podía venir, vendrá y dejará con la boca abierta a muchos.

Algunos sucesos tipo cisne negro que Dios permitió que sucedieran

1. La aparición de monedas criptográficas. La *criptomoneda* apareció hace casi diez años aunque su creador aún no se conoce con certeza. La persona o el grupo de personas que crearon *bitcoin* se esconden bajo el seudónimo de Satoshi Nakamoto.[1] Fue a nombre de esta persona que, en 2008, los criptógrafos recibieron un documento que reveló la esencia de la criptomoneda.

En el año 2010, me ofrecieron comprar bitcoins; valía tres centavos de dólar. Me sugirieron que comprara diez mil monedas virtuales, aunque los dólares que debía entregar para hacer la compra eran físicos, en total tres mil dólares. Si las hubiese comprado en ese entonces, hoy sería una persona multimillonaria. Los que compraron en aquellos años se volvieron millonarios y yo me

---

1.   https://es.wikipedia.org/wiki/Satoshi_Nakamoto#cite_note-whitepaper-1.

lo perdí. Allí me falló mi lado derecho por escuchar a personas muy racionales que me dijeron que eso no era seguro, pues en ese entonces se conocía muy poco de las criptomonedas.

¡No sé por qué a nosotros los cristianos no se nos ocurren semejantes ideas! Esta moneda le quitó poder al Fondo Monetario Internacional, el Banco Mundial y los poderosos del mundo.

Hoy hay aproximadamente 568 tipos de moneda. Hace diez o quince años, no se sabía lo que eran.

2. Las redes sociales. Si no se saben manejar, pueden destruir, pero si se utilizan con cordura, son una herramienta poderosa para grandes propósitos. Internet y las redes sociales les han quitado el poder a los tiranos. En los años sesenta, podía reventar el mundo y nadie se enteraba. Hoy lo que pasa en un lugar, casi instantáneamente se sabe en todo el mundo. Somos reporteros porque con el teléfono celular podemos grabar y hacer comentarios sobre lo que ocurre aquí y ahora. Un cisne negro que apareció y ni lo percibimos.

3. El poder se ha desmoronado delante de nuestros ojos. El libro *El fin del poder,* escrito por el venezolano Moisés Naím, es muy revelador. Él sostiene que la gente confía en los presidentes como quienes van a solucionarle las cosas, pero en realidad no tienen tanto poder como aparentan. Los mismos presidentes dicen que la gente se

emociona y esperan mucho de ellos, cuando la realidad es que ellos ya no manejan el poder que solían manejar.

Leamos lo que dice la Biblia acerca de esto:

Él reina sobre la bóveda de la tierra, cuyos habitantes son como langostas. Él extiende los cielos como un toldo, y los despliega como carpa para ser habitada. Él anula a los poderosos, y a nada reduce a los gobernantes de este mundo. Escasamente han sido plantados, apenas han sido sembrados, apenas echan raíces en la tierra, cuando él sopla sobre ellos y se marchitan; ¡y el huracán los arrasa como paja!

—ISAÍAS 40:22-24

No le otorgue tanto poder al hombre ni a los poderosos, porque en un soplo el Señor podría hacerlos desaparecer y nadie se acordaría jamás de ellos. Los que manejan poder son los más desprotegidos cuando se quedan sin él, porque perdieron la perspectiva de la vida de todos los días, de lo que padece el ciudadano común, del que sale todos los días a buscar su sustento y el de su familia. Cuando se les acaba el poder, entran en profundas crisis.

Delante de ti ha pasado un cisne negro que ha comenzado a restar poder. Por eso, ¡el cambio es inevitable! El Señor lo grita a través de los sucesos inesperados. Debes cambiar o, de lo contrario, morirás.

1. La iglesia gueto. La iglesia metida en cuatro paredes ha desaparecido, aunque muchos se

resisten aún. La realidad es que cada día tiene menos influencia, menos poder y menos determinación en las naciones. Somos el Cuerpo de Cristo representado en una Iglesia andante. Durante los años 2002 y 2003, utilizamos la frase *fuerza en movimiento*. CNN la copió —y, según creo, la patentaron—, pero esa frase fue un término que tomamos en nuestro ministerio para dar a conocer a la Iglesia como un ente vivo y dinámico que se encuentra activa en las casas, en el mercado, en la política, en la sociedad, en la gente pensante y creativa. Es cierto que la Iglesia debe tener una estructura, pero ella no ha de asfixiar su esencia, que no es otra cosa que fuerza en movimiento, *"para que proclamen las obras maravillosas de aquel que los llamó de las tinieblas a su luz admirable"* (1 Pedro 2:9).

Lo que nos hará prevalecer ha de ser nuestra fe viva y audaz, chispeante y creativa. Debe regresar la creatividad al Pueblo de Dios, porque cuando hay un espíritu creativo y una idea recibida por Dios, Él nos capacita y nos provisiona.

2. Crecimiento de familias consolidadas, sanas. Debemos dejar atrás las familias disfuncionales como las hemos tenido en América Latina. Estas proceden desde los tiempos de

la conquista, cuando el machismo y el ma-
triarcado nos hicieron deficientes. Un estudio
investigativo llevado adelante por José Gon-
zález sostiene que de cien familias en América Latina, cincuenta son disfuncionales (hijos
sin padres), y eso nos hace crear una sociedad
irresponsable.

Una familia consolidada es una que puede
discutir, superar dificultades, hacerse críti-
cas constructivas, hablar de lo bueno y seguir
adelante.

Cuando mis hijos eran pequeños, yo determi-
naba por ellos, pero ahora que son grandes,
generalmente los reúno en casa para discutir
acerca de grandes determinaciones; me siento
con ellos, discutimos y tomamos decisiones.
Yo no voy a ser eterno en la Tierra y no quiero
que ellos queden presos del sistema, sino que
sean creativos, valientes y audaces.

Tu visión ha de ser de futuro, vivir desde más allá del
presente. Lamentablemente, parece que nuestros gobernantes en América Latina viven más recordando el pasado
que preparando a la gente para lo que está por delante. Un
buen padre, un buen presidente, un buen líder nacional y
espiritual prepara a su gente para el futuro, para que sean
ciudadanos del mundo, y no para que vivan de subsidios

manejados por sus narices, sino para que lleguen a ser personas que sepan producir, trabajar y hacer bien las cosas.

Lecciones para nosotros hoy:

1. Un suceso tipo cisne negro llega a todo el mundo. El negativo así como el positivo.

Bien sea para una nación, organismos públicos, organización empresarial, congregación, familia, puede ser positivo o negativo de acuerdo a la calidad de sus líderes y autoridades, y de acuerdo a quiénes la componen, su gente.

Una iglesia no puede ser excelente con gente deficiente, no puede ser rica con una mentalidad pobre, no puede ser un centro de ideas divinas con gente que vive pensando en términos humanos y que todo lo ve como imposible. Una nación no es grande solo por sus recursos naturales, sino por la calidad de su gente, quienes producen la riqueza, siempre y cuando haya líderes visionarios, capaces de ver el futuro. Nuestras generaciones no estarán preparadas para enfrentar el futuro con sus demandas si el sistema educativo de las naciones no se enfoca en formar de manera integral y dejar de empeñarse en colocar en las mentes de los niños y jóvenes ideologías de turno, y hacerlos abandonar las aulas por cualquier excusa. ¡Cómo nuestros jóvenes van a competir, cómo van adquirir conocimiento, cómo vamos a ser mejores que los demás si no los preparamos para las cosas que realmente los hacen eficientes, eficaces, responsables!

Los líderes están llamados para las grandes ideas, para

entrenar a la gente y enseñarles y motivarlas a pensar, porque no hay peor tragedia que liderar a un pueblo ignorante. Debemos conducir a gente pensante, gente que produce, y ser líderes que no teman a la gente con ideas creativas.

Debemos ser serios. No se puede levantar una familia siendo irresponsables; no se puede levantar una iglesia siendo una persona que hoy predica una cosa y mañana cambia. Debemos encauzar a la gente, darles dirección. No se puede gobernar un país para que sea próspero y provea oportunidades de bienestar y prosperidad a su gente, con gobernantes que solo piensan en sus propios intereses y en cómo sacar provecho personal. Los partidos políticos deben reorganizarse porque su estructura fue concebida para cincuenta o sesenta años atrás; hoy en día deben ser dinámicos.

¡El cambio es inevitable!

2. Un suceso cisne negro puede ser de bendición para miles y millones, y dolor de cabeza para unos pocos a quienes no les gusta perder el poder. ¿Usted cree que la vida de Jesús fue agradable para Roma, para los fariseos, los herodianos y los saduceos? ¡Claro que no!, porque Cristo era un cisne inesperado que apareció y que les hizo la vida a cuadritos, pero para la gente era lo mejor que pudo haberles aparecido, el Mesías encarnado que les daba respuestas, que les hablaba al corazón, que les llegaba a la gente, que les enseñó a vivir y a ver cómo Dios les provee, y les trajo un Padre que no está lejos sino cerca.

Por eso los sucesos cisne negro que Dios propicia son para el bien nacional y no solo individual.

Un suceso tipo cisne negro debe hacerte revisar tu vida de fe y oración. ¿Estás orando con fe por lo inaudito, por lo que tiene cero probabilidades de cumplirse, que parece tan ridículo que, cuando lo piensas, tú mismo te ríes y te dices: "¡Si fuera verdad!"? ¿Y por qué no puede ocurrir? ¿O estás orando al estilo religioso? Si estás orando por las cosas que son probables, mejor no ores, solo trabaja para que se ejecuten, porque si vas a usar la oración, úsala para las cosas improbables e inauditas, para aquello que te parece loco, que a menos que Dios te lo conteste está destinado al fracaso.

3. Un suceso tipo cisne negro revela tu hombre interior y tu actitud frente a las circunstancias de la vida. *"Por sobre todas las cosas cuida tu corazón, porque de él mana la vida"* (Proverbios 4:23). Cuando te llegue, sea bueno o malo, va a revelar lo que tienes por dentro. Algunos se echan a perder en lo malo y otros, cuando les va muy bien. Solo el cisne negro reveló lo que llevaban por dentro. La Biblia dice *"Maldito el hombre que confía en el hombre"* (Jeremías 17:5). Sin el nuevo hombre, es imposible un nuevo país. Yo no confío en las personas, mi confianza está en el Señor: *"torre fuerte es el nombre de Jehová"* (Proverbios 18:10, RVR60). Amo a la gente, y confío hasta cierto punto saludable, pero confiar en la persona tal como confío en Dios, no, porque el hombre

no me puede brindar las soluciones que Dios sí me puede dar.

Un suceso tipo cisne negro fue nuestro Señor al venir al mundo, tan poderoso que dividió la historia de la humanidad en dos (a. C y d. C). Eso no lo pueden desacreditar ni los ateos. Nadie esperaba su nacimiento. Dos años más tarde, los sabios de Oriente aparecieron en Jerusalén y se conmovió toda la ciudad por una pregunta *"¿Dónde está el rey de los judíos, que ha nacido, porque su estrella hemos visto en el oriente, y venimos a adorarle?"* (Mateo 2:2, RVR60).

Todos se conmovieron, todos lo ignoraban: los fariseos, Herodes, los saduceos; metidos en sus guetos, en sus propias burbujas, nunca entendieron los cisnes negros que Dios propició. Los sabios no tenían la Biblia, pero contaban con la naturaleza, y entendieron su señal. De hecho, los demás sí tenían los Escritos, pero solo los usaban para sacar preceptos y condenar a los demás.

No anticiparon su nacimiento, y solo lo presenciaron los que el Padre así quiso, los pastores de la región; los demás, ni enterados. Su vida fue muy desconcertante para la gente que estaba acostumbrada a la religión y para aquellos amantes del poder. Se transformó en un dolor de cabeza para Roma, Poncio Pilatos, Herodes, los fariseos, los saduceos y los escribas; pero las multitudes lo seguían porque veían que Él era diferente a todo lo que les dijeron. Era un cisne negro. Dios hecho hombre.

A Pilatos, su esposa le dijo que no se metiera con Él,

porque ella había tenido pesadillas por causa de Jesús. Pilatos se lavó las manos y pensó que con hacer eso se sacaba de encima toda su responsabilidad. Pero hizo un único gesto de sabiduría: apareció frente a los demás y dijo: *"¡Aquí tienen al hombre!"* (Juan 19:5). He visto hombres a lo largo de mi vida militar en el Imperio romano; vi a los soldados, a los Césares, y son hombres, pero este es el Hombre. Único entre lo únicos, señalado perfecto, Dios humanado.

Su ida fue desconcertante. Su muerte frustrante para las tinieblas. Arrasó con el diablo y le quitó las llaves de la muerte y del infierno. Por lo tanto, cuando Satanás te dice que te va a matar, él no tiene poder para hacerlo, porque ya no cuenta con las llaves, ni tiene potestad para enviarte al infierno. Satanás ya perdió todo poder, el cual fue transferido en su totalidad a Jesucristo, quien, a su vez, lo dio a su Iglesia. Sin embargo, la Iglesia, a veces, vive más como mendiga que como poderosa.

Su vida trajo vida eterna. La cruz de Cristo es vertical y horizontal; uno a su derecha le dijo que se acordara de él cuando estuviera en su Reino, el otro blasfemó. Cristo tenía el poder de perdonarlos a ambos: el de la izquierda no quiso porque no vio su cisne negro de salvación en su último segundo de existencia.

Declara junto conmigo: ¡mi cisne negro ya está en acción!

CAPÍTULO 3

El cisne negro y tu casa

No destruyeron a los pueblos que el Señor les había señalado, sino que se mezclaron con los paganos y adoptaron sus costumbres. Rindieron culto a sus ídolos, y se les volvieron una trampa. Ofrecieron a sus hijos y a sus hijas como sacrificio a esos demonios. Derramaron sangre inocente, la sangre de sus hijos y sus hijas. Al ofrecerlos en sacrificio a los ídolos de Canaán, su sangre derramada profanó la tierra. Tales hechos los contaminaron; tales acciones los corrompieron.

—SALMO 106:34-39

Y, como ya no quería llevarse el arca del Señor a la Ciudad de David, ordenó que la trasladaran a la casa de Obed Edom, oriundo de Gat. Fue así como el arca del Señor

permaneció tres meses en la casa de Obed Edom de Gat, y
el Señor lo bendijo a él y a toda su familia.

—2 SAMUEL 6:10-12

El salmista expresa que la situación de ruina en familias e individuos se debe a la adoración a ídolos. Observemos el camino. Aprendieron las costumbres paganas y terminaron siendo esclavos o súbditos de aquello que Dios los mandó a combatir, a lo que ya habían vencido. Terminaron en una trampa. ¿Cuál es la lección de esto? Si aprendes lo malo y te vuelves esclavo de eso, entras en una trampa y terminas en ruina.

El salmista refiere que la adoración a ídolos trae ruina, miseria, pobreza y enfermedades. Veamos cómo eso sucedió en Israel y hoy en día ocurre a nivel global y en nuestra Tierra.

1. No destruyeron a los pueblos que Jehová les ordenó aniquilar. Es decir, no eliminaron lo malo. Todo aquello que te domine, aun cuando te parezca bueno, es destructivo para tu vida. Por ejemplo, los teléfonos inteligentes y las redes sociales. Estas herramientas se convirtieron en fuente de trabajo y de comunicación para millones de personas en el globo terráqueo, pero cuando eso te domina y no puedes estar una o dos horas sin estar pendiente del celular, aun en una reunión donde estás oyendo la voz de Dios, o en casa, cenando con tu familia, o bien en tu hora de descanso, significa que esa herramienta se convirtió en

tu adicción y en tu amo. No te concibes un instante sin ella. Eso que es bueno y que es tu instrumento de trabajo pasó a ser un mal, porque le permites que te domine. Primera de Corintios 10:23 nos alerta: *"'Todo está permitido', pero no todo es provechoso. 'Todo está permitido', pero no todo es constructivo".*

Hay amistades que en vez de ser constructivas son destructivas. Hay personas que son normales hasta que les entra la llamada de alguien y su emocionalidad cambia por completo. Se tornan temerosos, nerviosos, pierden la cabeza, y cuando concluye la llamada, ya no se acuerdan de la conversación que antes sostenían. Una llamada y una amistad que te domina, aunque sea buena, pueden ser algo destructivo cuando no sabes fijar limites.

2. Se mezclaron con las naciones. Es lógico que si no destruyes lo malo te vas a mezclar. En 1 Corintios 10:21 leemos: *"No pueden beber de la copa del Señor y también de la copa de los demonios; no pueden participar de la mesa del Señor y también de la mesa de los demonios".* Bill Gothard dijo hace unos años: "El problema del mundo no es que no conozca a un cristiano; el problema del mundo es que sí conoce a un cristiano".

Lastimosamente, existen personas que se dicen cristianas, mas, sin embargo, sus conversaciones y su manera de pensar son casi idénticas o aun iguales a las de personas que se encuentran bajo la potestad de las tinieblas. En la práctica, la única diferencia radica en que asisten a la congregación los días domingos para recibir un poco de ánimo para seguir en lo de siempre.

Soy una persona con criterio amplio y abierta a entablar conversación con personas que no profesan mi fe, pero guardo principios. Creo en el Evangelio que marca la diferencia entre la gente. Mas no por causa de esa diferencia vamos a encerrarnos en guetos. Por el contrario, esa diferencia, que proviene de creer y amar al Señor Jesucristo, y de ser sal y luz en la Tierra debe provocar en la gente hambre y sed por la justicia divina.

El Salmo 106 nos enseña y revela que mezclarse con lo que Dios abomina, en lugar de marcar la diferencia, trae destrucción a nuestras vidas, casas y familias.

3. Aprendieron sus obras y sus prácticas, y ya no les parecían malas las cosas que hacia el pueblo de Canaán. Comenzaron a racionalizar y justificar las prácticas y maneras de vivir de los moradores de Canaán, y les parecía que el mandato de Dios de destruirlo era demasiado severo. Al fin y al cabo, no eran tan malos, pensaban. Sacrificaban a sus hijos a sus dioses, sí, pero había que entenderlos. ¡Cuidado con contemporizar, dar explicaciones y jugar con lo que Dios en su Palabra nos indica que es pecado y aborrecible a sus ojos! Eso te hará terminar enredado en el pecado y apartado de Dios.

He enseñado que debemos respetar a un ateo, a uno que tenga creencias distintas a las nuestras, o a uno que tenga conductas morales contrarias a las que indica las

Escrituras. Solo por el hecho de ser persona merece respeto y dignidad. Sin embargo, no aceptamos sus creencias y hechos. Jesús es nuestro ejemplo a seguir. Lucas 7:34b dice: "... *amigo de recaudadores de impuestos y de pecadores*".

Marcos 2:17: "*Al oírlos, Jesús les contestó: 'No son los sanos los que necesitan médico, sino los enfermos. Y yo no he venido a llamar a justos, sino a pecadores'*".

Lucas 19:10: "*Porque el Hijo del hombre vino a buscar y a salvar lo que se había perdido*".

Nosotros somos resultado de su amistad para con el ser humano. Jesús vino a salvar al hombre y a reconciliarlo con Dios. Por lo tanto, nosotros, como hijos de Dios, estamos llamados a amar a las personas, mas no a compartir con ellos sus prácticas pecaminosas. Nuestro amor por las personas no puede anular los principios eternos de Dios. Son cosas que no se negocian, ni siquiera se discuten, sino que permanecen firmes dentro de nosotros, y si eres un verdadero cristiano, vas a amar a las personas, pero sostendrá inamovibles principios que marcarán la diferencia.

La Biblia nos dice que los israelitas aprendieron lo malo y su mentalidad se tornó mundana. Actualmente, observamos y escuchamos a cristianos que apoyan muchas cosas equivocadas. Gente que ya no cree en el poder de la sangre de Cristo, ni en la condenación eterna del infierno, alegando que es un invento o una fábula. La Biblia expresa en Isaías 30:21: "*Ya sea que te desvíes a la derecha o a la izquierda, tus oídos percibirán a tus espaldas una voz que te dirá: 'Este es el camino; síguelo'"*. Dios no te va a coaccionar para que entres por donde Él dice; pero si quieres ir tras aquello contra lo cual se te ha advertido, el resultado va a ser este: terminarás siendo siervo de esto con lo que te involucraste y de lo cual aprendiste.

4. Sirvieron a sus ídolos, que fueron causa de su ruina. El Señor expresó estas palabras que vale la pena recordar hoy: *"No tendrás otros dioses además de mí..."* (Éxodo 20:3). La idolatría tiene consecuencias en tu linaje, por los siguientes ciento sesenta años.

Un ídolo es todo aquello que en tu vida suplanta al Dios verdadero. Cuando Dios es reducido a ser un mero salvavidas que te saque del ahogamiento que estás sufriendo, tan solo un poco de religión los domingos por la mañana para luego vivir desenchufado de Él los demás días, y alguien o algo ha suplantado su lugar, eso es un ídolo. Un ídolo puede tratarse aun de cosas buenas que yo quiero y estimo en mi vida. Es aquello a lo que le das más tiempo y con lo que te ligas para prestarle más atención, tiempo y pensamientos. También puede ser algo o alguien que te cause más temor que Dios: *"Temer a los hombres resulta una trampa, pero el que confía en el Señor sale bien librado"* (Proverbios 29:25).

A los gobernantes sin Dios les conviene un pueblo ignorante, porque la ignorancia, a través del temor, lo hace susceptible a la manipulación de aquellos que tienen el poder. ¿Por qué le temes a un hombre que hoy está en una silla de poder y mañana, cuando ya no esté allí, será un simple mortal? Al contrario, será peor, pues se acostumbró al poder y a tener cinco hombres que lo cuiden; con los años, se acostumbró a esta y otras cosas de las cuales abusó para subyugar al pueblo. Luego, tú terminarás riéndote de ti mismo y preguntándote: "¿Esa era la persona a la que tanto temía?". El temor a un ser humano se convierte en un ídolo que ata y lleva a la ruina.

Puede estar presente en diversas áreas: espiritual, matrimonial, familiar, de salud, religiosa, política, empresarial, etc. Ejemplo: personas que temen perder el empleo. Cuando se nace no se viene con un empleo bajo el brazo, sino con una misión: *"Antes de formarte en el vientre, ya te había elegido; antes de que nacieras, ya te había apartado; te había nombrado profeta para las naciones"* (Jeremías 1:5). Usted viene con un llamado profético y eterno. En el llamado eterno, está todo lo que necesitas, y no en el empleo, que tal vez tienes hoy, y mañana ya no; en cambio, el llamado es para siempre, y si vives conforme a este, nunca va a faltar el pan en tu mesa.

El resultado que sobrevino a los israelitas fue que primero los atrapó la ruina, y esta se les manifestó en pobreza, en miseria, en enfermedad, en tener y no poder disfrutar. Usted me puede decir que conoce a gente que son ricos, aun cuando adoran a ídolos; hay que verlos por dentro, porque esa gente no puede disfrutar de su dinero, sino que viven renegando todo el tiempo; una llamada los desconcierta, tienen gritos y peleas por lo que tienen, se dividen. He estado con muchos de ellos y los he definido como pobres con dinero, dado que no pueden disfrutar de nada. Cuando tienes la bendición de Dios, disfrutas de todo lo que tienes, así sea un bocado de comida.

La ruina no solamente es económica, también es mental y espiritual; tener y no poder disfrutar. Cuando una persona, sea quien sea, adora lo que no es Dios, eso que adora e invoca lo derrumbará.

La Biblia no se equivoca: si adoras ídolos vas a acabar mal. Salmo 106:36 declara: *"Rindieron culto a sus ídolos, y se les volvieron una trampa"*.

Una persona que tiene el espíritu de ruina, echará a perder todo lo que toca, porque carga ese espíritu.

Voy a referirme a Venezuela, donde vivo desde hace años, un país con recursos innumerables puestos por Dios, primero en reservas mundiales de petróleo, gas, oro y otros muchos minerales. ¿Cómo es posible que haya, aproximadamente, treinta millones de venezolanos pobres? Porque un número importante de ellos vienen de la idolatría, de la santería, de adorar al palo y a la piedra, y lo que no es Dios, que han dejado al Dios verdadero para correr tras lo equivocado.

Hay personas que trabajan de sol a sol, y siempre están arruinados. Debemos arrancar toda práctica de idolatría porque conduce a la pobreza, la miseria, la enfermedad. ¡Usted nació para la bendición de Dios! Tiene que creer que Dios le va a mandar sus cuervos, y que un suceso tipo cisne negro ocurrirá en su vida.

El segundo resultado, Salmo 106:37: *"Ofrecieron a sus hijos y a sus hijas como sacrificio a esos demonios"*. Increíble pero cierto, el pueblo que tenía al Dios de luz y que pedía a los primogénitos para Él, pero no los mataba, y quien instituyó que un cabrito o un cordero primogénito ocuparía en sacrificio el lugar del hijo primogénito —puesto que en el primogénito están todas las llaves para poseer y disfrutar de un linaje poderoso—, terminaron desobedeciendo a Dios y sacrificando a sus hijos a los demonios.

Hay padres que por prácticas espirituales, o por ignorancia, han entregado a sus hijos a las tinieblas. Cuando nacieron, los pactaron para que sean santeros, paleros, les pusieron una cinta para significar que pertenecen a un ídolo o a una deidad demoníaca. Al crecer dichos niños y alcanzar la edad de 5 o más años, se encuentran con maldiciones que nos les permiten dormir por causa de pesadillas, se sienten que los ahogan, que los asfixian, etc. Sus padres, en su ignorancia, los entregaron a algún ídolo, en vez de presentarlos al Señor. Cuando uno presenta a su niño delante de Dios, está confesando que su linaje nunca va a ser infectado por lo malo, y que su descendencia va a servir al Dios vivo y verdadero. Ese niño no es propio: le pedimos al Señor que nos dé gracia para criarlo según sus principios y que sea una bendición para la Tierra.

Lo tercero que recibieron, Salmo 106:38: *"Derramaron sangre inocente, la sangre de sus hijos y sus hijas. Al ofrecerlos en sacrificio a los ídolos de Canaán"*. Abortos: asesinaron su futuro.

Cuando Rebeca fue ante Dios porque tenía un parto difícil, Dios le dijo que su problema era una gran bendición porque tenía dentro de ella dos naciones. Una nación sería más poderosa que la otra. Hoy, con toda la tecnología, las enseñanzas humanistas e individualistas dicen que la mujer embarazada tiene derecho a abortar e interrumpir su embarazo si no lo desea; pero, en verdad, no es lícito abortar una vida que viene de Dios. Cuando se comete un aborto, es asesina la madre que consiente, el padre que paga, el médico y las enfermeras que lo ejecutan y el juez que lo legaliza. Un día, delante de Dios, van a dar cuenta por asesinato.

Por eso Dios dice en Éxodo 23:26: *"En tu país ninguna mujer abortará ni será estéril"*. Es asesinar su mañana y, si así lo haces, tus hijos quedan sin futuro y tú, sin esperanza.

Y lo cuarto, al final del verso 38: *"... su sangre derramada profanó la tierra"*. Su territorio, sus lugares físicos fueron contaminados. Es una aberración lo que ocurre en ciertas naciones donde la persona que ocupa el lugar de autoridad, para congraciarse con personas que ejercieron o ejercen influencia política, prostituyen porciones de la Palabra de Dios o principios bíblicos. Cuando esto ocurre, la nación entra en una etapa de contaminación; el pueblo, en general, lo pasa por alto o lo toma a risa, pero la nación ingresa en hondos problemas espirituales, porque nadie puede transgredir algo que Dios habló y creer que no tendrá consecuencias. Un día, todos ellos tendrán que dar cuenta a Dios porque prostituyeron algo que nadie se había atrevido a transgredir. La tierra no fue creada para recibir la sangre de los humanos sino para recibir la bendición de Dios, y para que produzca el bien para la gente.

Lo quinto es que se contaminaron con sus obras, Salmo 106:39: *"Tales hechos los contaminaron; tales acciones los corrompieron"*. Es la consecuencia inevitable, contaminación y perversión. Es decir, entraron los desórdenes sexuales, y los desórdenes sexuales activan tres cosas:

a. Muerte repentina: activada por la gente promiscua, que es violenta, que se acuesta con cuanta mujer u hombre pasan por el camino, y llegan a una corta edad de vida.

b. Diferentes enfermedades letales y variados tipos de cáncer.

c. La ruina y la pobreza.

Por eso, Salmo 107:20 dice: *"Envió su palabra para sanarlos, y así los libró del sepulcro"*. Él levanta de la miseria al pobre y hace multiplicar a las familias como rebaños de ovejas.

Todos necesitamos arrepentirnos y volver al Dios todopoderoso y eterno. Su Palabra nos enseña que a los hijos de Dios nunca les va a faltar pan; siempre Él proveerá en todas las cosas.

Hemos conocido, en los textos bíblicos descritos, las causas de cómo una nación se echó a perder por completo, todo porque sacrificaron a sus hijos ante lo malo, y sirvieron a sus ídolos, causa de su ruina.

Como un notable contraste a esta desobediencia a las instrucciones dadas por Dios para una nación, familia, hogar, empresa, etc., tenemos la historia de Obed Edom en 2 Samuel 6:10-12:

Y, como ya no quería llevarse el arca del Señor a la Ciudad de David, ordenó que la trasladaran a la casa de Obed Edom, oriundo de Gat. Fue así como el arca del Señor permaneció tres meses en la casa de Obed Edom de Gat, y el Señor lo bendijo a él y a toda su familia. En cuanto le contaron al rey David que por causa del arca el Señor había bendecido a la familia de Obed Edom y toda su hacienda, David fue a la casa de Obed Edom y, en medio de gran algarabía, trasladó el arca de Dios a la Ciudad de David.

Obed Edom no estaba en los planes de nadie el día en que David llevó el arca. Quizá deseó que el arca pudiera estar en su casa, pero sabía que tenía cero posibilidades. No obstante, un error de David lo pone en escena y este toma la decisión de llevar el arca a casa de Obed Edom; la presencia del Señor, entonces, penetró en su casa. Lo que parecía imposible se hizo realidad. Basado en esta porción bíblica, quiero decirte que un suceso tipo cisne negro va a bendecir a los hijos del Eterno. En medio de las circunstancias adversas, en este tiempo, y por amor a una Iglesia y a un remanente, Dios va a bendecir la tierra. ¡Amén!

Obed Edom tuvo un suceso tipo cisne negro. Una dimensión que lo sobrepasó, que lo dejó con la boca abierta, y no lo podía creer; el arca de Jehová, la representación tangible de la presencia y bendición divinas, estaba allí, en su casa.

En noventa días Obed Edom pasó de ser alguien que sobrevivía a tener bendición extrema y multiplicación de abundancia, porque Dios lo bendijo en todo lo que tenía. El rey David, y todo Israel, escucharon y conocieron cómo Dios había bendecido a Obed Edom. Luego David reconoció que el problema no radicaba en el arca, sino que el problema era él mismo por haber querido trasladar el arca a su manera y no de acuerdo a lo indicado por Dios. David corrige esto, y traslada el arca de la manera correcta a la ciudad de David para ser bendecidos él y todo Israel.

¿Qué aprendemos de todo esto?

a. Antes de examinar a otro, examínate a ti mismo, y ve qué hay en ti y en tu casa. Ídolos, conductas que contaminan y pervierten tu vida y tu hogar, palabras soeces, hablar mal de otros, violencia, etc. Ora y dile a Dios "Arranca de mí, y de mi casa, todo aquello que te provoque tristeza y guíame en el camino eterno".

b. Ruina, pobreza y miseria no es tu herencia. Juan

10:10 dice: "El ladrón no viene más que a robar, matar y destruir; yo he venido para que tengan vida, y la tengan en abundancia". Por eso debes ser fiel en creer, en generosidad, en ayudar al necesitado, en bendecir tu casa, porque Dios no se ha olvidado de ti ni de tu familia.

c. Un error de alguien que no hizo las cosas bien va a ser tu más grande oportunidad, tu más grande bendición. No critiques al que falló, sino busca tu oportunidad, atrápala y ve tras ella. Obed Edom no criticó al rey David, sino que aprovechó la oportunidad y le dio la bienvenida al arca de Jehová en su casa. Esa equivocación ajena te va a introducir en la escena divina, y lo que otro no aprovechó Dios te lo va a entregar a ti.

d. Un suceso tipo cisne negro te dará en días lo que no lograste en años. Obed Edom obtuvo en noventa días la bendición de Dios que lo sobrepasó. Fue bendecido en el campo, sus ganados se multiplicaron y engordaron, en su casa se apreciaba la presencia de Dios y su bendición. Te aseguro que en noventa días, Obed Edom y su esposa no discutieron, porque estaban conscientes de que la presencia de Dios estaba con ellos. Un evento así te va a ocurrir. Clave: Desear apasionadamente que la presencia de Dios esté y permanezca en tu casa.

e. La clave para tu casa es la presencia de Dios en ella. No busques en otro lado lo que solamente consigues en

Dios. No intentes encontrar en los demonios lo que solo está en Cristo. No busques en el horóscopo, la brujería, la santería, la palería —o cualquier otra práctica espiritista de las tinieblas— lo que solamente Dios te puede dar. Deuteronomio 28:3 dice: *"Bendito serás en la ciudad, y bendito en el campo"*. La clave para tu casa es la presencia del Señor Dios todopoderoso y eterno. Cuando encuentras el favor de Dios a donde vayas, hallarás la bendición del Eterno y estarás preparado para un suceso tipo cisne negro.

f. Vas a ser conocido por la bendición de Dios en tu casa, no por la maldición de las tinieblas. No serás identificado como el que no tiene nada, ni como el esposo o la esposa, padre o madre, pastor o líder que fracasó. Serás conocido como alguien que cuanto toca es bendecido por Dios. Te van a conocer porque eres un bendito o bendita de Dios, y no un necesitado.

g. Persigue el arca, persigue al Señor Dios y su presencia. Lleva a tu familia tras la presencia del Señor. La Biblia en 1 Crónicas 15 dice que Obed Edom terminó siendo portero de la casa donde estaba el arca de Dios, donde se guardaba la presencia divina. Él se fue con sesenta y ocho personas de su familia a Jerusalén, porque cuando Dios te toca, todo lo que toques va a quedar bendito y vas a tener el tiempo para adorar al Dios bendito y verdadero.

Obed Edom prefirió ser un simple portero en la presencia de Dios que alguien destacado al servicio del pecado y el diablo. Aun cuando seas portero, tu descendencia va a estar asegurada. Él solo quería cuidar los instrumentos para que la presencia de Dios estuviera allí.

Persigue el arca, persigue la presencia de Dios, haz el altar familiar, ora con tus hijos, no dejes que te contaminen los odios y los rencores, consérvate puro. Dios te bendecirá en todo, pero debes perseguir su presencia.

¡El cisne negro está volando sobre tu casa!

CAPÍTULO 4

El cisne negro y el sitio
de tu nación

Comenzaré este capítulo con dos pasajes bíblicos que nos guiarán y traerán revelación de cómo Dios obra de manera portentosa, por caminos impredecibles y dando protagonismos a quien menos suponemos, para traer libertad y liberación a las naciones.

Eliseo contestó:

—Oigan la palabra del Señor, que dice así: "Mañana a estas horas, a la entrada de Samaria, podrá comprarse una medida de flor de harina con una sola moneda de plata, y hasta una doble medida de cebada por el mismo precio".

El ayudante personal del rey replicó:

—*¡No me digas! Aun si el Señor abriera las ventanas del cielo, ¡no podría suceder tal cosa!*

—*Pues lo verás con tus propios ojos* —*le advirtió Eliseo*—, *pero no llegarás a comerlo.*

Ese día, cuatro hombres que padecían de lepra se hallaban a la entrada de la ciudad.

—*¿Qué ganamos con quedarnos aquí sentados, esperando la muerte?* —*se dijeron unos a otros*—. *No ganamos nada con entrar en la ciudad. Allí nos moriremos de hambre con todos los demás, pero, si nos quedamos aquí, nos sucederá lo mismo. Vayamos, pues, al campamento de los sirios, para rendirnos. Si nos perdonan la vida, viviremos; y, si nos matan, de todos modos moriremos.*

Al anochecer se pusieron en camino, pero, cuando llegaron a las afueras del campamento sirio, ¡ya no había nadie allí! Y era que el Señor había confundido a los sirios haciéndoles oír el ruido de carros de combate y de caballería, como si fuera un gran ejército. Entonces se dijeron unos a otros: "¡Seguro que el rey de Israel ha contratado a los reyes hititas y egipcios para atacarnos!". Por lo tanto, emprendieron la fuga al anochecer abandonando tiendas de campaña, caballos y asnos. Dejaron el campamento tal como estaba para escapar y salvarse.

Cuando los leprosos llegaron a las afueras del campamento, entraron en una de las tiendas de campaña. Después de comer y beber, se llevaron de allí plata, oro y ropa, y fueron a esconderlo todo. Luego regresaron, entraron en otra tienda, y también de allí tomaron varios objetos y los escondieron.

Entonces se dijeron unos a otros:

—Esto no está bien. Hoy es un día de buenas noticias, y no las estamos dando a conocer. Si esperamos hasta que amanezca, resultaremos culpables. Vayamos ahora mismo al palacio y demos aviso.

(...) De inmediato los hombres tomaron dos carros con caballos, y el rey los mandó al campamento del ejército sirio, con instrucciones de que investigaran. Llegaron hasta el Jordán y vieron que todo el camino estaba lleno de ropa y de objetos que los sirios habían arrojado al huir precipitadamente. De modo que regresaron los mensajeros e informaron al rey, y el pueblo salió a saquear el campamento sirio. Y tal como la palabra del Señor lo había dado a conocer, se pudo comprar una medida de flor de harina con una sola moneda de plata, y hasta una doble medida de cebada por el mismo precio.

El rey le había ordenado a su ayudante personal que vigilara la entrada de la ciudad, pero el pueblo lo atropelló ahí mismo, y así se cumplió lo que había dicho el hombre de Dios cuando el rey fue a verlo.

—2 REYES 7:1-9,14-17

"*Como se acercaba el tiempo de que fuera llevado al cielo, Jesús se hizo el firme propósito de ir a Jerusalén. (...) Jesús le respondió: 'Nadie que mire atrás después de poner la mano en el arado es apto para el reino de Dios'*" (Lucas 9:51,62).

Si leemos este pasaje como solo una historia, nos parece trastornada. No obstante, observamos que en Samaria hay un sitio —un cerco, un asedio, un ataque, un rodeo— que es real. Una ciudad en la que la gente se está muriendo de hambre luego de un sitio de tres años. No hay ni se vislumbran posibilidades de salir de esa situación. Eliseo, en medio de tal crisis, suelta una palabra y dice algo tan loco como que *al día siguiente todo se normalizaría*, la inflación desaparecería, ya no habría hambre. Y el príncipe en cuyo brazo el rey se apoyaba cuestionó tal posibilidad, aun cuando Dios hiciera ventanas en el cielo. Eliseo le dictaminó juicio: *"Pues lo verás con tus propios ojos (...) pero no llegarás a comerlo"*.

Es una historia loca, ¿no te parece? Después, la forma que Dios usa para liberar al pueblo, ¡nada predecible! Cuatro leprosos, abundancia extrema, palabra cumplida. Ese es un suceso tipo cisne negro. Improbable, cero posibilidades, no hay salida por ningún lado, y ocurre lo que nadie cree que puede ocurrir.

Antes de profundizar en la historia, veamos algunos principios al respecto:

1. Nuestro conocimiento es frágil. Una sola observación o un hecho es capaz de invalidar una afirmación generalizada. Ejemplo, todos los estudios que había del mundo de las aves decían que todos los cisnes eran blancos hasta que apareció uno negro.

2. La incapacidad de predecir las rarezas implica la incapacidad de predecir el curso de la historia. A veces

afirmamos que las cosas van a ser de alguna manera, y la historia y los acontecimientos van por otro camino. Si no estamos apercibidos y preparados, quedamos fuera de curso.

3. Actuamos como si fuéramos capaces de predecir los hechos o cambiar el curso de la historia. Presunciones, y no palabras de fe, y de repente, sale todo al revés. Los gobernantes hacen promesas y dicen que va a ser así, basados en esto o aquello, y de repente, una movida a nivel global les afecta todo lo que han prometido o todo lo que pensaban, pues no pueden predecir cosas que están fuera de su entendimiento, capacidad y control.

4. Lo sorprendente no es la magnitud de nuestros errores de predicción, sino la falta de conciencia que tenemos de ellos. Afirmamos y reafirmamos cosas con demasiada certeza y hablamos precipitadamente sin reflexionar y confirmar lo que decimos acerca de un evento ocurrido, sin conocer y discernir los hechos y el contexto.

5. La lógica del cisne negro (no la hay, pero uso esa palabra porque este suceso revienta todo) hace que lo que ignoramos sea más importante que lo que sabemos. A eso la Biblia lo llama vivir con la fe de un niño. Cristo dijo que si no éramos como niños no entraríamos en el Reino de los cielos. A los pequeños les prometes algo y ellos viven como si ya lo tuvieran;

disfrutan las cosas aun sin tenerlas en el momento. Nosotros, los adultos, si no lo vemos, no lo creemos. Por ello, Dios no nos da el conocimiento de una vez, sino que lo va dando paulatinamente, porque cada día con Él será una agradable sorpresa, y si hay un problema, nos dará la fuerza para vencer todo obstáculo.

6. Todo conocimiento al que llegamos mediante la observación lleva incorporadas ciertas trampas. No todo lo que ven tus ojos es verdad, no todo lo que oyen tus oídos es cierto, no todo lo que piensas es correcto, no todas las percepciones que tienes dentro de ti son las correctas. Entre los dones que el Espíritu Santo nos da, está el don del discernimiento. No es don de sospecha; es saber descifrar, desentrañar, distinguir entre lo bueno y lo malo. Este don es vital para que cometamos menos errores y seamos librados del mal.

7. Tenemos una tendencia natural a fijarnos en los casos que confirman nuestra historia y nuestra visión del mundo, y eso puede sectorizarnos.

En cierta ocasión, en tiempos de elecciones populares para cargos públicos, una persona colocó en su Instagram "El domingo todos a votar. El que vote por la Constituyente está con Dios, y está por la paz y el amor. Pero el que no vote está con Satanás". Yo le escribí que estaba equivocado, porque no es cierto que los que no van a votar están con Satanás. Y le pregunté qué clase de democracia decía tener.

¿Qué quiero dar a entender con esto? Que si no piensas, hablas, actúas o votas como yo, ya no te quiero cerca de mí. Eso es sectorizarse. Es perder la riqueza de toda una cosmovisión. Es dejar de aprender ciertas cosas que Dios quiere enseñarnos.

8. Tendemos a engañarnos con narraciones propias que nos gusta simplificar; nos agrada ver patrones y tejer explicaciones. Eso no ayuda en nada, solo gastamos tiempo en discusiones inútiles.

9. Sobrestimamos lo que sabemos y menospreciamos la incertidumbre. Los sucesos históricos, socioeconómicos y las innovaciones tecnológicas son fundamentalmente impredecibles. Debemos vivir en la expectación de la fe. Habacuc 1:5 dice: "¡Miren a las naciones! ¡Contémplenlas y quédense asombrados! Estoy por hacer en estos días cosas tan sorprendentes que no las creerán aunque alguien se las explique". Una vez más, sobreestimamos lo que sabemos y menospreciamos la incertidumbre. Hace dieciocho años, si nos hubieran hablado de las monedas criptográficas no habríamos tenido idea de qué era eso, pero resulta que hoy se va imponiendo en el mundo y la gente las terminará viendo como normalidad. En los próximos años —aunque

creo que ya está ocurriendo— van a ser aceptadas en las transacciones financieras y comerciales.

Cincuenta años atrás, si te hubiesen dicho que con un teléfono podrías sacar fotos, hablar, mirar a la otra persona sin importar el lugar dónde se encontrara, no lo hubieses creído; te habría parecido una fábula, una exageración, una locura. ¿Por qué? Porque el teléfono analógico de disco era todo lo que se conocía. Ahora, tal tipo de telefonía nos resulta antigua, obsoleta e impráctica. No obstante, formó parte de un proceso para llegar a lo que hoy tienes, pero no lo viste venir porque parecía una película. Hoy eso es real.

Cuando nos cerramos a ciertas cosas, ocurren los sucesos tipo cisne negro y nos toman desprevenidos.

10. El mismo proceso que hace que sepamos menos también hace que nos sintamos más satisfechos con lo que sabemos, y eso es una tragedia. Cuando suceden cosas que estaban preparadas para ti, pero no te preparaste, la aprovecha otro y tú quedas fuera.

La historia que vamos a estudiar en 2 Reyes 7 tiene elementos muy sorpresivos, sucesos tipo cisne negro. Cómo Dios da liberación en algo que parecía imposible, con cero probabilidades.

Ninguno de nosotros puede ignorar que hay un sitio de maldad en torno a nuestros países, como lo hubo en Samaria. *"Algún tiempo después, Ben Adad, rey de Siria, movilizó todo su ejército para ir a Samaria y sitiarla"* (2 Reyes 6:24). El sitio de Samaria lo impuso Ben Adad ('hijo de la oscuridad'), rey de Siria, cuya tarea era sembrar incertidumbre. Él se quería vengar de lo que le habían hecho y cerró la ciudad con un sitio. El ambiente que se comenzó a apreciar dentro de Samaria fue que cambiaron la fe por toda la incertidumbre que había. Se trató de un sitio espiritual premeditado y ejecutado concienzudamente; Ben Adad no vino porque se le ocurrió: lo pensó y se reunió con la gente para vengarse de Samaria

Todos los países en los cuales vivimos están sitiados de una u otra forma por las tinieblas, y cada persona puede experimentar un tipo de opresión particular. Pero, sin duda, como hijos de Dios podemos apreciar que estamos batallando en oración y en acción para ser libres de esas opresiones. Esos sitios o cercos son premeditados y ejecutados concienzudamente, y con años de anticipación. Nada es accidental, es una agenda de las tinieblas en contra de las naciones de la Tierra, porque ellas le pertenecen a Dios. Salmo 24:1: *"Del Señor es la tierra y todo cuanto hay en ella, el mundo y cuantos lo habitan".* Salmo 86:9: *"Todas las naciones que has creado vendrán, Señor, y ante ti se postrarán y glorificarán tu nombre".* Todo ese auge de fuerzas espirituales de maldad, que ha habido por años, establece un sitio en la mente de las personas, cuyo propósito es tenerlas bajo cautividad y dando vueltas en un círculo vicioso.

Otra de las prácticas de las tinieblas para mantener en sitio a las naciones es crear una mezcla de creencias y prácticas anti-Dios para las personas que ocupan altos cargos de gobierno. Aún más, algunos se llaman cristianos y dicen adorar a Dios pero reciben, apoyan y practican hábitos espirituales traídos de otras latitudes, tales como India, África, islas del Caribe, etcétera. Todo eso contamina la nación y crea un ambiente espiritual de maldad y todo comienza a echarse a perder: las instituciones, el servicio al ciudadano, la unidad familiar, la economía de la nación y de las personas, la moral y las buenas costumbres, el temor a Dios, y paremos de contar. Las personas, en general, creen en lo que sea y construyen una mezcla de creencias que ellas mismas no comprenden. Y los cristianos comienzan a aceptarlo diciendo que esta gente habla bonito. El apóstol Pablo dice: *"No pueden beber de la copa del Señor y también de la copa de los demonios; no pueden participar de la mesa del Señor y también de la mesa de los demonios"* (1 Corintios 10:21).

El gran peligro es que comencemos a aceptar que las personas, con tal que adoren a Dios, crean como quieran y tengan una fe sincrética, porque, al final, todos los caminos conducen a Roma. No obstante, la Palabra de Dios es precisa y contundente: hay un solo camino para ir a Dios Padre, y ese camino se llama Jesucristo (ver Juan 14:6).

Proverbios 29:25 nos advierte que: *"Temer a los hombres resulta una trampa, pero el que confía en el Señor sale bien librado"*. Las ataduras espirituales tales como el temor hacia alguien, el miedo, el recelo, la desconfianza, la angustia, etc., colocan un sitio espiritual, bien sea en personas o en una nación entera. Si aceptamos eso y no lo combatimos espiritualmente, terminará ligándonos físicamente. El temor al hombre conlleva manipulación, embotamiento mental, destruye la creatividad, y eso no proviene de Dios. El sitio destruye, degrada, entorpece, arruina. ¡Mantente alerta, activa el discernimiento espiritual, no te dejes sitiar!

¡Hay que romper el sitio de maldad! Cuando los poderes malignos están montando el sitio espiritual, adormecen, embotan, entorpecen, insensibilizan la mente de los integrantes de una nación, para que no vean lo que ocurre y lo que traman. Amedrentan, hacen sentir miedo donde no hay por qué temer. Hacen ver los problemas más grandes de lo que son, como dragones que devoran; crean problemas imaginarios para que la gente viva sumida en una copa de miedo. Pareciera una exageración, sin embargo, es lo que hoy en día se vive en muchas naciones, y más aún, en Latinoamérica.

Estamos viviendo como en los tiempos de Jueces 21:25: *"En aquella época no había rey en Israel; cada uno hacía lo que le parecía mejor"*. La incertidumbre de las tinieblas va degradando todo lo bueno.

Las tinieblas convierten en desconfiadas a las personas, porque no hay luz y no alcanzan a ver bien. Su meta es producir confusión, caos, desesperanza, eliminación del potencial humano, depresión, deseos de huir como sea y sin saber a dónde. Es el caldo de cultivo ideal para que aparezca el doble ánimo, que no es otra cosa que el desánimo.

Esta descripción no es ajena al cristiano. Un día, una fe alta como un edificio, y otro día piensa… "¿Será así?". Si eres de fe, algún día la duda te visitó y te atacó.

Todo ese ambiente pesado y oscuro nos hace hacer preguntas para algunas de las cuales no hay respuestas. Por ello no podemos ni debemos vivir la vida cristiana aislados. Es vital vivir en comunidad, en la comunión del Cuerpo de Cristo, porque hay días en que tu fe va a estar flaqueando, pero mi paciencia y mi fe te van a llevar al otro lado del camino; otro día necesitaré que tú lo hagas por mí. Esto es vida corporativa, vida de Cuerpo. Es ir juntos hasta el final, y vamos a ver la gloria del Señor.

El sitio de Samaria provocó gran hambre. El relato bíblico dice que la inflación era de tal magnitud que se necesitaban ochenta monedas de plata para comprar la cabeza de un asno. *"El sitio duró tanto tiempo que provocó un hambre terrible en la ciudad, a tal grado que una cabeza de asno llegó a costar ochenta monedas de plata…"* (2 Reyes 6:25). Eso nos indica que había una gran inflación como consecuencia de que no había producción. ¡Estaban sitiados! Nunca habían vivido una situación inflacionaria de tal magnitud. Tal situación trajo clamores desesperados de parte de una mujer. *"Un día, mientras el rey recorría la muralla, una mujer le gritó: ¡Sálvenos, Su Majestad!"* (v. 26). Hoy, en diversas naciones del globo terráqueo, la gente padece de gran hambre por causa de los sistemas de gobierno y de políticas públicas erradas que merman y establecen sitio a la producción de bienes y servicios, lo cual, entre otras variables, estimula la especulación y la inflación. Necesitamos un suceso tipo cisne negro, necesitamos una palabra de Dios que nos sostenga. La buena noticia es que la mano de Dios está a favor de nuestras vidas y de nuestras naciones. ¡Dios no se ha olvidado de nosotros! Por causa del hambre que había en Samaria, ocurrieron hechos inhumanos: *"'¿Qué te pasa?'. Ella se quejó: 'Esta mujer me propuso que le entregara mi hijo para que nos lo comiéramos hoy, y que mañana nos comeríamos el de ella'"* (v. 28). Todo lo ocurrido va contra natura, porque, en la historia de los seres humanos, la madre es la que se sacrifica por sus hijos; ella prefiere morir para que sus hijos vivan; prefiere dejar de comer para que sus hijos coman; prefiere no dormir de noche con tal de que los hijos duerman tranquilos. Sin embargo, aquí ocurrió al revés, ella cocinó a su hijo y se lo comió con su amiga, ¡terrible! Cuando el sitio llega, la mente no piensa correctamente. Todo es oscuro, entenebrecido, inverso. El hambre hace actuar a la gente como salvajes. La reacción del rey fue la típica de los gobernantes irresponsables y sin madurez: le echó la culpa a otro.

> *—¡Que Dios me castigue sin piedad —exclamó el rey—si hoy mismo no le corto la cabeza a Eliseo hijo de Safat!*
> *(…) No había terminado de hablar cuando el mensajero llegó y dijo:*
> *—Esta desgracia viene del* Señor; *¿qué más se puede esperar de él?*
>
> —vv. 31, 33

¡Qué gran solución la del rey matar a Eliseo! ¿Qué ganaba con eso? ¿Solucionaba el problema del hambre? Eso reflejaba algo que ya se estaba sucediendo en la ciudad. ¡Cuántas madres ya se estarían comiendo a sus propios hijos!

El rey de Israel echa la culpa del hambre a Dios, va a matar a Eliseo y dice que Dios es el culpable de todo eso. Es un calco exacto de lo que vemos actualmente. Los gobernantes de las naciones, en su mayoría, no asumen la responsabilidad de sus decisiones, acciones y resultados de estas, que traen sitio y dolor a la nación; por el contrario, la culpa es de los organismos multilaterales, es de otros países, es de la oposición, es de cualquier otro, menos de ellos. No manifiestan ni la más mínima intención de examinar el porqué de la situación, de examinarse ellos mismos y, menos aún, de pedir ayuda a Dios. En esas circunstancias, solo nuestro Dios puede y debe ayudarnos, y lo hará. Allí donde hay cero posibilidades, donde todo está sitiado y trabado, donde pensar en el futuro espanta, un suceso tipo cisne negro va a acontecer, así como ocurrió en Samaria. Va a acontecer en tu nación, en tu vida, en tu casa, en familia, en tu trabajo. Cuando todas las posibilidades humanas se agotan, entran las posibilidades de Dios, y Dios es más grande que todo problema.

Donde el hombre dice que no hay solución, Dios provocará un evento tipo cisne negro que va a reventar el sitio de la nación, el sitio de la ciudad y el sitio de maldad que te ha oprimido.

Cinco lecciones para nosotros:

1. Declarar y sostener la palabra profética como lo hizo Eliseo. Habrá algunos días en que tu fe se hará preguntas. Cuando eso ocurra, sostén la palabra profética y no dudes. ¿Crees que fue fácil para Eliseo declarar la palabra cuando había cero posibilidades de que ocurriese, y, adicionalmente, tenía al rey esperándolo para cortarle la cabeza? (2 Reyes 7:1-2). Eliseo soltó una palabra tipo cisne negro, cero posibilidades. Mantengamos siempre la Palabra, en todo lo que nos toque atravesar en esta Tierra. ¿Tienes desánimo? Mantén la Palabra. ¿No ves la solución? Mantén la Palabra. Dios habló, Dios lo hará.

2. Hay un portal dimensional de gloria que se abre cuando sostienes la Palabra eterna. Ese día, del cual profetizó Eliseo en 2 Reyes 7:1, las puertas de Samaria fueron llenas de gloria. Ese sitio que hay en tu nación, en tu ciudad, en tu hogar, va a ser cambiado por los portales de gloria que se están abriendo, vas a ver el cielo abierto y los ángeles de Dios activando lo profético. Hay que sostener la Palabra, y no dejarla caer, para que los ángeles de Dios actúen. ¡El ángel del Señor está aquí en la Tierra!

3. Hay un suceso tipo cisne negro que rompe el sitio y viene de donde menos lo esperas.

Ese día, cuatro hombres que padecían de lepra se hallaban a la entrada de la ciudad.

—¿Qué ganamos con quedarnos aquí sentados, esperando la muerte? —se dijeron unos a otros—. No ganamos nada con entrar en la ciudad. Allí nos moriremos de hambre con todos los demás, pero, si nos quedamos aquí, nos sucederá lo mismo. Vayamos, pues, al campamento de los sirios, para rendirnos. Si nos perdonan la vida, viviremos; y, si nos matan, de todos modos moriremos.

—2 Reyes 7:3-4

Cuando se levantaron los leprosos, el ejército de ángeles de 2 Reyes 6:17 se activó, y comenzaron a dar pasos, sin saber que Dios los estaba usando. Ante los ojos de los sirios, los pasos de ellos, con los ángeles moviéndose en los cielos, sonaron como si fueran millones, por lo cual los sobrecogió tal temor que huyeron y lo dejaron todo.

No fue la ONU ni la OEA, ni la OTAN, ni ningún otro organismo multilateral que ayudó a Samaria; no fueron los poderosos gobiernos de la Tierra, no fue Egipto: fueron cuatro leprosos, lo más loco e improbable. Enseñanza: Lo que Dios va a hacer en tu nación y en mi nación, no lo hará con los poderosos de la Tierra, lo hará con los leprosos que la gente dice que no sirven para nada; pero cuidado, porque Dios hará una jugada maestra que va a dejar al mundo con la boca abierta. Vendrá ayuda de quien menos se espera. Dios lo va a hacer para que toda la gloria sea de Él y solo para Él.

Hay alguien que no está en la agenda de nadie, pero sí en la de Dios.

4. Para que el suceso tipo cisne negro se manifieste, debemos caminar hacia el peligro. Nosotros queremos todo seguro, pero las cosas seguras nunca van a dar resultados efectivos.

Los leprosos dijeron que si entraban en la ciudad, morían, y si se quedaban sentados, igual morirían, por lo que determinaron ir hacia el peligro. Solo tenían la opción de seguir adelante. Las grandes cosas van a venir cuando caminemos hacia el peligro.

Camina hacia el peligro cuando los demás se queden, cuando los demás te critiquen y te digan que eres un tonto por seguir creyendo. Camina cuando tus propios miedos te quieran detener y la mente, traicionarte. Camina a pesar de todo lo que ven tus ojos físicos, a pesar de todo lo que oyes y a pesar de que no veas salida. Los leprosos tampoco veían salida, pero mientras caminaban, Dios los estaba usando, y más allá del peligro, dieron con gran abundancia.

5. La justicia y el juicio se manifestaron el mismo día y en el mismo suceso. El pueblo salió y se encontró con que hasta en el río Jordán tenían riqueza y comida. Los leprosos comieron hasta hartarse, pero reconocieron que eso no era solamente para ellos sino para todo un pueblo. En el mismo suceso, Dios trajo su justicia. La justicia se activó y le dijo a Eliseo que nunca lo dejaría en vergüenza. Por cuanto él había dicho y creído: *"Mañana a estas*

horas", Dios se sintió impelido a hacer lo que habían declarado los labios del profeta.

La justicia de Dios vino en provisión, en abundancia y en liberación. El juicio se manifestó inmediatamente. El rey, a fin de que la gente saliera de Samaria sin hacer desastres, puso en la puerta al príncipe que había manifestado su incredulidad respecto a la respuesta favorable de Dios, y el pueblo lo atropelló. De igual manera, hay gente incrédula que, cuando Dios hace lo inesperado, se ponen de inspectores para regular el mover de Dios.

La justicia de Dios trae abundancia, gracia, paz, liberación, y cambia el ambiente. Al día siguiente, en Samaria estaban todos celebrando. El mismo hecho revela la justicia y el juicio de Dios. El juicio contra el príncipe incrédulo, ya que la gente lo atropelló y murió. El pueblo ejecutó el juicio de Dios y sacó al príncipe de la escena.

No se puede jugar con un pueblo que tiene hambre, pues no se sabe cómo va a reaccionar. Es impredecible su reacción el día que se canse, porque hay un momento en que dice "basta". El pueblo que recibe la gracia va a ser usado para determinar el juicio de Dios sobre aquellos que no creen en el Señor.

¡El suceso tipo cisne negro designado por Dios para la liberación de tu nación y de mi nación ya está en acción!

CAPÍTULO 5

El cisne negro se volvió ridículo

Me explico: El mensaje de la cruz es una locura para los que se pierden; en cambio, para los que se salvan, es decir, para nosotros, este mensaje es el poder de Dios. Pues está escrito: "Destruiré la sabiduría de los sabios; frustraré la inteligencia de los inteligentes". ¿Dónde está el sabio? ¿Dónde el erudito? ¿Dónde el filósofo de esta época? ¿No ha convertido Dios en locura la sabiduría de este mundo? Ya que Dios, en su sabio designio, dispuso que el mundo no lo conociera mediante la sabiduría humana, tuvo a bien salvar, mediante la locura de la predicación, a los que creen. Los judíos piden señales milagrosas y los gentiles buscan sabiduría, mientras que nosotros predicamos a Cristo crucificado. Este mensaje es motivo de tropiezo para los judíos, y es locura para los gentiles, pero para los que

Dios ha llamado, lo mismo judíos que gentiles, Cristo es el poder de Dios y la sabiduría de Dios. Pues la locura de Dios es más sabia que la sabiduría humana, y la debilidad de Dios es más fuerte que la fuerza humana.

Hermanos, consideren su propio llamamiento: No muchos de ustedes son sabios, según criterios meramente humanos; ni son muchos los poderosos ni muchos los de noble cuna. Pero Dios escogió lo insensato del mundo para avergonzar a los sabios, y escogió lo débil del mundo para avergonzar a los poderosos. También escogió Dios lo más bajo y despreciado, y lo que no es nada, para anular lo que es, a fin de que en su presencia nadie pueda jactarse. Pero gracias a él ustedes están unidos a Cristo Jesús, a quien Dios ha hecho nuestra sabiduría —es decir, nuestra justificación, santificación y redención— para que, como está escrito: "Si alguien ha de gloriarse, que se gloríe en el Señor".

—1 Corintios 1:18-31

En este texto, Pablo usa frases en forma irónica; no es que en Dios haya una parte débil y otra de locura. Lo que el apóstol busca es plasmar el pensamiento de lo que ellos, judíos y griegos, cuestionaban en esos días.

"El Señor no tarda en cumplir su promesa, según entienden algunos la tardanza. Más bien, él tiene paciencia con ustedes, porque no quiere que nadie perezca, sino que todos se arrepientan" (2 Pedro 3:9). Lo que tú llamas tardanza Dios lo denomina paciencia.

Escogí ser ridiculizado por vivir creyendo y esperando respuestas inauditas de parte de Dios, antes que ser aplaudido por vivir criticando y juzgando a los demás. Creo en los sucesos tipo cisne negro porque los veo a lo largo de la Biblia. Sucesos inesperados a través de aquello por lo cual nadie daba un centavo. También observo la ocurrencia de sucesos inauditos en el mundo actual, cosas que ocurren delante de nuestros ojos pero que no vemos por estar acostumbrados a la rutina y a ver las mismas cosas de siempre.

Las cartas de amor, mi amor, son en el fondo ridículas...
Las cartas de amor, cuando hay amor, son siempre ridículas.
Porque los que se aman, si en verdad se aman, dicen y escriben cosas ridículas...
Porque el amor, el amor verdadero, te hace pensar en forma ridícula, y te convierte finalmente, en una persona ridícula.
Pero ¿quién alguna vez no ha sido ridículo?
¿Quién no ha dicho te amo, te adoro, mi cielo, mi sol y ha suplicado hasta el ridículo?
Plebeyo o señor. Sabio o bruto. En cuestiones de amor, son todos ridículos.
Solo los que nunca han amado, los que nunca han creído, se han salvado de gestos ridículos,
los que por miedo al ridículo, dicen que el amor es algo ridículo.

Y viven así, en su mundo ridículo, todos juntos, sin ningún amor; atrapados entre objetos y proyectos ridículos, hablando de sus triunfos ridículos, haciendo discursos ridículos, comportándose de un modo ridículo, vanagloriándose de su machismo ridículo, ridiculizando al amor con argumentos ridículos.

Pero el amor es sabio, no es tonto. Nunca anida en pensamientos ridículos, vuela por sobre sus ideales ridículos. Y se posa únicamente en corazones ridículos como el tuyo y el mío, que no se cansan nunca de hacer el ridículo.

—POEMA *Las cartas de amor*
DE GIAN FRANCO PAGLIARO

El cisne negro se volvió ridículo por causa de lo que expresa el poema que acabamos de leer. Entre tanto esperamos que suceda algo rápido que termine con nuestras angustias, dejamos de lado la gloriosa verdad de que Dios nos da poder, el poder de la paciencia, de la fe, de la esperanza y del amor. Eso que llamamos tardanza, Dios lo llama oportunidad, para que ninguno se pierda, sino que todos (y todos son todos) procedan al arrepentimiento. Creo que si no entendemos esto y nos enfocamos demasiado en las circunstancias adversas que atravesamos, bien sea en lo personal, familiar, ministerial, laboral o nacional, corremos el peligro de olvidarnos de nuestra misión: discipular gente y naciones.

El Señor está diciendo que no retarda su promesa

aunque parezca ridícula. Dios concede a todos oportunidad por igual. Sea de la condición espiritual y moral que sea. Él no desea que ninguno perezca, sino que todos procedan al arrepentimiento. No obstante, Dios va a cumplir y ejecutar lo que dice su Palabra. Por eso dije que prefiero ser ridiculizado por creer que ser aplaudido por criticar y juzgar a los demás.

Si aún tienes este libro en tus manos es porque, al igual que yo, te preparas para adquirir fortaleza, destrezas y herramientas para la llegada de un suceso tipo cisne negro, a fin de que actitudes negativas no te hundan, y aprovechar el suceso para bien, y no para mal. Países, familias, empresas comerciales y financieras pueden ser muy vulnerables, y lo son, ante sucesos inesperados; sin embargo, hay otros que se prepararon, lo atravesaron y fue para bien.

Un ejemplo de alguien que sufre pérdida por causa de un suceso inesperado son los países que solo venden materia prima de cualquier índole. Si para cuando los sucesos cambiantes de la economía global los golpea no han desarrollado nuevas destrezas y habilidades para diversificar su economía, y tienen como práctica la mala administración y la corrupción, es inevitable sufrir grandes pérdidas y atravesar circunstancias adversas y dolorosas para todos sus ciudadanos, o bien la mayoría de ellos.

Este capítulo de "El cisne negro se volvió ridículo" comenzó a rondar en mi mente cuando escuché el poema de Gian Franco Pagliaro. Me caracterizo, entre otras cosas, por ser medio bohemio. Me gusta escuchar poemas de amor, música romántica y canciones que expresan las cosas sencillas de la vida. Disfruto reunirme con gente que se deleita en las sanas alegrías y sueña. ¡Eso no significa que vivo en una nube! Me agradan las cosas con contenido.

Escuchaba este poema interpretado por su autor, Gian Franco Pagliaro, y me vino el pensamiento como una flecha, *el cisne negro se volvió ridículo*. Así surgió este capítulo. Me gusta escuchar este poema una y otra vez. Quien ha estado enamorado se ve retratado en él. La persona que dice que le da lo mismo escucharlo o no pues le parece ridículo, ya es ridículo con solo decir que eso lo sea. En fin…, a mí me gusta.

Para la mayoría de las personas, la manifestación de un suceso tipo cisne negro es impredecible. Tiene cero probabilidades para la gran mayoría, pero no para un remanente fiel, creativo y de fe, que vive en la expectación de la fe, y que sabe e intuye en el Espíritu (aunque no puede saber todas las cosas) que Dios va a hacer una jugada maestra que va a cambiar su vida y la de los demás. No le pidas fecha, es una conexión divina. La persona dice que aunque parezca loco y ridículo, cree que va a haber un golpe que cambiará todo. No es un golpe de suerte sino un *momentum* divino que cambia todas las cosas. Eso no significa sentarse con los brazos cruzados y no hacer nada más que mirar a los pajaritos volar. No es así. En un suceso tipo cisne negro, se pueden prever algunas cosas.

La concepción del suceso comienza en forma invisible, tal como no vemos la concepción del niño cuando una esposa tiene sus relaciones íntimas con su esposo, y luego se da cuenta de que está embarazada. Nadie lo ve, pero está allí. Ese suceso que se va a manifestar en nueve meses fue gestado en forma invisible.

Hay un tiempo de concepción, de gestación, de desarrollo y de manifestación.

El libro *Mega tendencias 2010* dice lo siguiente: "Cuando algo comienza a virar sobre lo mismo, debes saber que la tendencia es el desarrollo de ese algo". Por ejemplo, si el trigo comienza a subir de precio, no puedes quedarte esperando a que algún día baje, porque tiende a subir hasta llegar a su máximo precio.

Cuando observas que ciertos eventos comienzan a ocurrir y se escuchan mensajes sobre la tendencia de esos eventos, esto probablemente te deja ver hacia dónde van las cosas y cuál es la tendencia que va tomando una circunstancia.

Después, está el tiempo de la manifestación. La manifestación de un suceso tipo cisne negro puede ser de impacto impresionantemente positivo que beneficie a una o varias personas, o aun millones; o de impacto negativo que afecte, de igual manera, a un variable número de individuos.

En todos los sucesos tipo cisne negro, y aunque nadie lo puede predecir, existe un genitor que lo impulsa. Por ejemplo, Apple Computer: la empresa de tecnología que revolucionó el mundo de la computación no ocurrió solo como un suceso, sino que detrás de dicho suceso hubo un genitor llamado Steve Jobs, que lo provocó, junto a Steve Wozniak, en el año 1976. En mi opinión, ni ellos mismos, en sus inicios, pudieron visualizar el impacto mundial que se produciría y que aún ocurre hasta nuestros días.

Siempre la acción humana está presente. Lo vemos en Abraham y Sara, cuando Dios les dice: *"El año que viene volveré a visitarte en esta fecha, y para entonces Sara habrá tenido un hijo"* (Génesis 18:14). Sara se ríe, porque, por primera vez, después de veinticinco años recibiendo palabras de Dios, ella tiene una fecha. Las mujeres, a diferencia de los hombres, se manejan por fechas para asuntos puntuales. Sara obtuvo un tiempo específico de Dios. Lo único que necesita es que su esposo no se muera antes. Cuando tú logras de Dios una fecha, puede pasar cielo y Tierra, pero eso se va a cumplir.

Sara ya estaba vieja y con escasas fuerzas, y Abraham estaba casi como muerto. ¡Qué milagro el que hizo Dios! Hizo de Abraham un padre a los 99 años, y a Sara, la rejuveneció.

Ocurrió la acción humana. Alguien recibe la palabra, la cree y la sostiene. Obtiene una fecha y trabaja por eso. Dios rejuveneció tanto a Sara que luego fue vista por el rey Abimelec y la llamó para tenerla en su harén. Abraham, luego que Sara muere, continuó engendrando hijos con Cetura. ¡El milagro fue completo!

Sara tenía un suceso tipo cisne negro en sus manos.

"Sara quedó embarazada y le dio un hijo a Abraham en su vejez. Esto sucedió en el tiempo anunciado por Dios. 3 Al hijo que Sara le dio, Abraham le puso por nombre Isaac" (Génesis 21:2-3). Isaac, algo improbable, cero posibilidades; pero la acción humana estuvo presente para que esto ocurriera.

José y María. Desposados, pero sin haber consumado el matrimonio. José recibe la noticia de que su flamante esposa está embarazada pero no de él. ¡Guau! Por primera y única vez, lo que la mujer ha concebido no proviene del hombre sino de Dios. ¡Jamás había ocurrido! Siempre se necesita un hombre para que la mujer pueda concebir un hijo. Pero ahora, estamos ante un caso en que el Espíritu Santo es el engendrador. ¡Qué difícil para un hombre aceptar que su mujer está embarazada, y no de él, sino *"por obra del Espíritu Santo"*! (Mateo 1:20). José confirma por revelación la veracidad de lo que su esposa María le comunicó y toma la decisión de creer y ser parte del mayor milagro de la humanidad. ¡Dios hombre! 100% Dios, 100% hombre. La unión de lo humano con lo divino produjo la concepción y gestación de Jesús, el Hijo de Dios, quien luego de nueve meses en el vientre de María se manifestó a la humanidad. ¡Un suceso sin precedentes! Dios humanado. Lo que Dios ha dicho vendrá y no fallará. *"... la visión se realizará en el tiempo señalado; marcha hacia su cumplimiento, y no dejará de cumplirse. Aunque parezca tardar, espérala; porque sin falta vendrá"* (Habacuc 2:3).

La Palabra de Dios en Santiago 1:5-8 nos enseña lo siguiente:

Si a alguno de ustedes le falta sabiduría, pídasela a Dios, y él se la dará, pues Dios da a todos generosamente sin menospreciar a nadie. Pero que pida con fe, sin dudar, porque quien duda es como las olas del mar, agitadas y llevadas de un lado a otro por el viento. Quien es así no piense que va a recibir cosa alguna del Señor; es indeciso e inconstante en todo lo que hace.

Es vital para nosotros estar entendidos de la posibilidad de hacer el ridículo ante los ojos de los hombres por creerle a Dios. Es un desafío —y a la vez un privilegio— que seamos escogidos por Dios para ser el factor humano que Él necesita para provocar y traer al mundo un suceso tipo cisne negro que beneficie a millones de personas. Por lo tanto, ¿qué debemos procurar mientras caminamos confesando la Palabra?

1. No pedir tanto a Dios por lo pasajero sino clamar a Él por lo trascendente. Dejar de ver lo coyuntural y poner nuestra mirada en lo que tiene valor eterno. Hablar menos de los vaivenes de lo cotidiano y confesar más la Palabra.

En uno de mis momentos de oración, le pedí al Señor que me ayudara a reorientar las prioridades en mi vida, a escucharlo más a Él y menos al hombre. Aprender a estar más en el silencio que en el bullicio y la opiniones de la gente. Vivir en la expectativa de la fe y en la plena certidumbre de que lo que Dios ha dicho se cumplirá.

Dios nos da sabiduría para atravesar toda circunstancia adversa y para mirar más allá de lo transitorio. Proverbios 4:7 nos insta a buscar la sabiduría de Dios. *"La sabiduría es lo primero. ¡Adquiere sabiduría! Por sobre todas las cosas, adquiere discernimiento"*.

2. Evitar pedir bajo emociones tóxicas. Santiago 1:6 dice: *"Pero que pida con fe, sin dudar, porque quien duda es como las olas del mar, agitadas y llevadas de un lado a otro por el viento"*. Andar de un lado a otro, dudando de que Dios escuche la oración, llorando, comiéndose las uñas por angustia y temor no provocará la respuesta inaudita de Dios. Todos nosotros hemos estado en algún momento en situación parecida, más no hemos permanecido allí. El momento de volver en sí llega y determinamos vivir en el reposo de la fe. Hay una gran diferencia entre actuar desde la plena certidumbre de fe y hacerlo desde las emociones tóxicas y agitadas.

Pedir bajo estados de doble ánimo es nefasto. Santiago 1:8 advierte: *"El hombre de doble ánimo es inconstante en todos sus caminos"* (RVR60). El doble ánimo lleva a tomar decisiones equivocadas o a no tomar ninguna, para luego tener decepción y una visión ruinosa de la vida y del futuro.

El apóstol Pablo escribe la primera carta a los corintios

para exhortar y corregir diversos asuntos y conductas que se estaban presentando en el seno de la iglesia de esa ciudad.

Hablando de ridiculez, a eso suena la visión desde la cual Pablo escribe esta carta. Comienza hablando de algo ridículo, la cruz, puesto que creer en el Evangelio de la cruz era exponerse a la vergüenza más grande en sus días. Nadie, ni en la teología judía, ni en su tradición, ni en los estudios acerca del Mesías que habría de venir, jamás esperó que el Mesías, el Salvador, hubiera de morir en una cruz para rescatar a la nación y su pueblo de la opresión. ¡Eso era lo más ridículo de creer! Además, la cruz era el invento más despiadado y cruel de Roma: crucifixión pública, con total y vergonzoso desnudo, una ignominiosa exhibición de la agonía del crucificado que, además, conllevaba un mensaje para los que lo presenciaban: era lo que les esperaba a quienes osaran levantar la voz en contra de la *pax* romana o de sus aliados. Era paz entretanto no hablasen o manifestasen contra el Imperio romano; de lo contrario, allí estaba la cruz tortuosa y vergonzante.

En 1 Corintios 1:18 se nos dice: *"El mensaje de la cruz es una locura para los que se pierden; en cambio, para los que se salvan, es decir, para nosotros, este mensaje es el poder de Dios"*. Pablo tiene mucha razón al escribir este texto, porque era una cosa ridícula creer en ella, pues atentaba contra la lógica y la razón. El pueblo de Israel nunca entendió Isaías 53. Ellos esperaban a un Mesías poderoso. La traición de Judas viene porque él siente que su Mesías, su Maestro, los traicionó. Judas probablemente se habría preguntado: "¿Dónde están el Reino, el poder y los ángeles para cortar la cabeza de los romanos y traer el reinado que nos prometió?". Cristo les comienza a hablar de la cruz y de la muerte, y Judas, tal vez, piensa que él no había dejado todo atrás por un mensaje así.

Cuando los judíos leían Isaías 53:3-4, no lo entendían a cabalidad:

> *Despreciado y rechazado por los hombres, varón de dolores, hecho para el sufrimiento. Todos evitaban mirarlo; fue despreciado, y no lo estimamos. Ciertamente él cargó con nuestras enfermedades y soportó nuestros dolores, pero nosotros lo consideramos herido, golpeado por Dios, y humillado.*

Los judíos tenían un problema cuando esto se le atribuía al Mesías esperado; no veían razón para creerlo.

> *Todos andábamos perdidos, como ovejas; cada uno seguía su propio camino, pero el Señor hizo recaer sobre él la iniquidad de todos nosotros. Maltratado y humillado, ni siquiera abrió su boca; como cordero, fue llevado al matadero; como oveja, enmudeció ante su trasquilador; y ni siquiera abrió su boca. Después de aprehenderlo y juzgarlo, le dieron muerte; nadie se preocupó de su descendencia. Fue arrancado de la tierra de los vivientes, y golpeado por la transgresión de mi pueblo. Se le asignó un sepulcro*

con los malvados, y murió entre los malhechores, aunque nunca cometió violencia alguna, ni hubo engaño en su boca. Pero el Señor quiso quebrantarlo y hacerlo sufrir, y, como él ofreció su vida en expiación, verá su descendencia y prolongará sus días, y llevará a cabo la voluntad del Señor. Después de su sufrimiento, verá la luz y quedará satisfecho; por su conocimiento mi siervo justo justificará a muchos, y cargará con las iniquidades de ellos.

Por lo tanto, le daré un puesto entre los grandes, y repartirá el botín con los fuertes, porque derramó su vida hasta la muerte, y fue contado entre los transgresores. Cargó con el pecado de muchos, e intercedió por los pecadores.

—ISAÍAS 53:6-12

En la mente judía, nada de esto era atribuible a su Mesías. De igual forma, nosotros no entendemos algunas cosas que nos suceden porque todo lo pensamos y lo colocamos en la perspectiva de términos humanos. Esa acción divina de la cruz es salvación para los que creen, pero es destrucción para los que la rechazan. *"Destruiré la sabiduría de los sabios; frustraré la inteligencia de los inteligentes"* (1 Corintios 1:19). En palabras mías, Dios dice: "Voy a extraviar la mente de los que se burlan de ustedes afirmando que son ridículos por creer en el Evangelio y en un Mesías sangrante; voy a destruir su sabiduría y ahora ellos van a padecer el ridículo de su lógica y razón".

Pablo dice que a los sabios de este mundo Dios les destruyó la sabiduría y la razón, y a los entendidos, el entendimiento. Pregunto: ¿Por qué nos afanamos tanto por tener conocimiento humano si Dios dice que ya los enloqueció? El verso 20 de este mismo capítulo expresa: *"¿Dónde está el sabio? ¿Dónde el erudito? ¿Dónde el filósofo de esta época? ¿No ha convertido Dios en locura la sabiduría de este mundo?"*. ¿Crees que un loco sin Dios va a solucionar tus problemas? Los locos de este mundo te llaman ridículo porque crees, amas y predicas, porque sostienes que Dios no te va a fallar, porque tu fe está basada en la cruz sangrienta, en el Salvador poderoso que murió y resucitó; y esto es locura para los que se pierden. Los judíos piden señales y los griegos buscan sabiduría, pero nosotros predicamos al Cristo crucificado. Para los judíos es un tropezadero, y para los gentiles es una cosa ridícula; mas para los llamados, así judíos como griegos, Cristo es poder de Dios, es su sabiduría.

¿Deseas que un suceso tipo cisne negro ocurra en tu casa y en tu familia? Entonces tendrás que desechar basar tus expectativas y tu fe en el conocimiento humano y en las palabras o promesas de los hombres, y meterte en la locura de la sabiduría de Dios. Dios, en su sabiduría, te va a revelar lo que va a hacer, pues su Espíritu Santo no nos fue dado para vivir en confusión sino para darnos a conocer todas las cosas. Hoy en día, muchos profetas, y quien les habla, debemos reevaluar en qué está basada nuestra fe. ¿Te parece extraño lo que digo? ¡Debemos examinar en qué o en quién está basada nuestra fe! ¿Está basada en meros sentires, en que tuvimos un sueño, en que leímos algo, en que nos pareció, en que Fulano dijo...? Si es en esas premisas que está basada nuestra fe, Dios mantendrá nuestro cisne negro encerrado hasta que entendamos que lo que Dios hace y hará no es, ni será, con intervención de la sabiduría de este mundo, porque esa sabiduría Dios ya la enloqueció. Nuestra fe en que Dios hará lo inaudito, lo improbable, lo "cero" posibilidades está basada en la sabiduría divina, donde Cristo es poder de Dios y su sabiduría.

Para los ridículos (como tú, que tienes este libro en tus manos y has llegado a este capítulo, y como yo, que lo escribo) que hemos sido salvos por la locura de la predicación de la cruz de Cristo, es poder y sabiduría de Dios, porque lo insensato de Dios es más sabio que los hombres. Y no es que Dios sea insensato. Pablo dice que si aun creyésemos que Dios es loco porque permitió que su Hijo muriera, esa insensatez es sabia. Porque en la cruz, Cristo destronó y despojó a los principados y potestades, triunfando sobre ellos en el madero, clavando el acta de los decretos que había contra nosotros, para que, desde ese momento y hasta que Cristo venga, todos los que lo acepten como Señor y Salvador personal tengan entrada a la vida eterna. La Biblia dice que *"el Señor no tarda en cumplir su promesa, según entienden algunos la tardanza. Más bien, él tiene paciencia con ustedes, porque no quiere que nadie perezca, sino que todos se arrepientan"* (2 Pedro 3:9).

Lo débil de esa cruz es más fuerte que todos los hombres, porque desde esa cruz sangrante con un Mesías crucificado, Dios estaba reconciliando al mundo con Él y creando un valor incalculable y eterno para nosotros; meditándolo bien, Él no lo necesitaba pero nosotros, sí.

Hermanos, consideren su propio llamamiento: No muchos de ustedes son sabios, según criterios meramente humanos; ni son muchos los poderosos ni muchos los de noble cuna. Pero Dios escogió lo insensato del mundo para avergonzar a los sabios, y escogió lo débil del mundo para avergonzar a los poderosos. También escogió Dios lo más bajo y despreciado, y lo que no es nada, para anular lo que es, a fin de que en su presencia nadie pueda jactarse.

—1 Corintios 1:26-29

Las elecciones divinas son sucesos tipo cisne negro ridículos. Por ello nadie puede atribuirse la gloria por lo que Dios hace; las opciones del hombre son finitas. Solo el Señor y Dios puede con cinco panes y dos peces producir un milagro de multiplicación. *"Pero gracias a él ustedes están unidos a Cristo Jesús, a quien Dios ha hecho nuestra sabiduría, es decir, nuestra justificación, santificación y redención"* (v. 30).

En Dios somos sabios, justificados, santificados y redimidos; *"... para que, como está escrito: 'Si alguien ha de gloriarse, que se glorie en el Señor"* (v. 31). Definitivamente, el cisne negro se volvió ridículo.

¿Qué debemos aprender referente a un cisne negro ridículo?

1. Que el amor de Dios y sus acciones portentosas son ridículas. ¿Por qué? Porque busca siempre el bienestar de un hombre que se burla de Él, que no lo entiende, que dice conocerlo, que lee la Biblia, pero hace preguntas ridículas como si no conociera realmente al Señor.

En cierta oportunidad, me encontraba en el Aeropuerto de Atlanta, Georgia, e hice unas llamadas para conocer sobre el estado de una situación. Mientras llamaba, el Señor me reprendió: no quería que hiciera más llamadas ni preguntas. Me preguntó si le creería a Él o bien a informes que luego de escucharlos me podrían traer alegría pasajera o decepción. Entonces, le pedí que me explicara un poco acerca de su amor, pues no entendía. Me respondió:

Si lo entiendes deja de ser "mi" amor; el amor de Dios no está basado "en", porque si así fuera, cuando ese "en" falle, entonces el amor se desmorona. Dios "es" amor, por lo tanto es eterno. No puedes entender sus acciones con una mente finita y sin gustar su amor.

Primera de Corintios 1:18 es la acción de Dios al entregar a su Hijo en forma ridícula, dolorosa, cruel y portentosa, en la búsqueda del bien de un hombre ridículo.

El amor nunca llega primero. En el año 2017, Usain Bolt, plusmarquista mundial (Juegos Olímpicos y campeonatos mundiales) en la categoría de atletismo, corrió su última carrera de cien metros en Londres. Sus especialidades eran cien metros, doscientos metros llanos y en relevo 4x100[2]; fue apodado "Relámpago Bolt". Pensó que iba a coronarse entregando la posta. No obstante, a los cincuenta metros, cayó al piso gritando de dolor porque tuvo un problema en una de sus piernas. Desde el año 2008 hasta el 2016, no hubo nadie que lo igualara. La gente llegó a preguntarse si alguna vez alguien podría siquiera alcanzar su marca. No obstante, por primera vez, en 2017, a través de las pantallas de TV, el mundo entero lo vio tirado con su cara llena de dolor y de frustración. Bolt allí experimentó que no siempre se gana.

Ilustro con esta historia para que entendamos que el amor nunca llega primero. El amor siempre llega tarde, porque en el camino a la meta final siempre hay un samaritano que atender, un leproso que recoger, una mujer angustiada a quien dar ánimo, un niño que alimentar, un amigo que levantar.

Mientras el levita y el sacerdote tienen sus compromisos, y les da lo mismo la gente que está tirada en el camino (pues les estropea sus metas), el amor ve al tirado en el camino como la oportunidad para manifestarse y para llevarlo al hotel y pagar por sus gastos. El verdadero amor nunca pregunta. El verdadero amor luego de haber levantado al herido en el camino, orado, clamado y sacudido

---

2.   N. de E.: uno de los eventos de atletismo en los Juegos Olímpicos, en que cuatro corredores se van pasando la posta o testigo cada cien metros.

los cielos, no se pregunta "Y ¿ahora qué?". El verdadero amor descansa en el Dios de amor. Puede que Dios haya salido a mi encuentro con mi cisne negro, pero en el camino se encontró con alguien que atender y se le activó 2 Pedro 3:9: *"El Señor no tarda en cumplir su promesa, según entienden algunos la tardanza. Más bien, él tiene paciencia con ustedes, porque no quiere que nadie perezca, sino que todos se arrepientan"*.

Creo que Dios nos está hablando acerca de reorientar nuestras vidas:

> Vuelve a mi amor. Gáname gente. Vive por lo estructural y trascendental, y no por lo coyuntural, por lo que pasa todos los días. Mientras hagas todo esto, verás llegar antes a aquellos que les estorba la gente, pero mi amor siempre ve en la gente tirada en el camino una oportunidad para manifestar mi gracia y redención.

Dios te enviará el cisne negro. Aún más, Él ya lo envió, ya está en acción, solo falta que se manifieste, pero no lo hará en corazones ansiosos, desesperados y angustiados, sino en aquellos que saben que ya salió, pero que, en el camino, está atendiendo a alguien que necesita más de su gracia. Tú tienes las fuerzas para esperar; pero si no atiende al otro, se muere en el camino.

El amor nunca llega primero. Su amor y su poder nunca llegan tarde. Así va a ocurrir contigo, con tu familia, con las finanzas, con la nación. Él nunca llega primero, llega en el momento exacto.

2. No encasilles a un suceso tipo cisne negro. El encasillamiento trae desesperación y enojo. Si lo estás esperando pero ya supones cómo va a suceder, te frustras. El cisne negro tiene eventos que lo preceden, pero el cómo no se sabe. Llega de forma sorpresiva. Lo esperas por la derecha y se aparece por la izquierda, y te sorprendes porque de la persona menos esperada recibes la respuesta, la conexión, el trabajo, el contrato, la solución al conflicto... en fin. Debemos vivir expectantes de que Dios lo haga como quiera.

No conocemos ni sabemos jugar el ajedrez divino. Vivamos en la expectación de la fe. Dios sabe cómo jugar cada partida.

3. El cisne negro tiene que convertirse en un ridículo total para que puedas entender 1 Corintios 1:27-31. Pon tu mano en la frente y di: "Lo necio, lo débil, lo vil y lo que no es escogió Dios". ¡Esto es ridículo! Para avergonzar lo sabio, lo fuerte y para deshacer lo que es. ¿Con cuál propósito? Para que nadie se jacte en su presencia, y para el que se gloríe, se gloríe en Él. La probabilidad de la tendencia para la manifestación del cisne negro ¡es algo que solo lo puede hacer el Señor Todopoderoso!

4. Los corazones creyentes nunca se cansan de hacer el ridículo porque están llenos de fe, esperanza y amor.

Juan Huss, teólogo y filósofo checo, en julio de 1415 en Constanza, hoy Alemania, es quemado en la hoguera por su fe en Cristo. Le piden sus últimas palabras antes de ser quemado, y él les dice: "Ahora en la hoguera queman a un ganso, pero después de mí vendrá un cisne que no podrán detener". Cien años más tarde, aparece Martín Lutero, el cisne que Huss vio. Lutero trajo la reforma que hoy se celebra en todo el mundo, la Reforma protestante.

Lo de Dios siempre vence al mundo. Pueden quemar un ganso, pero nunca a un cisne de Dios.

Sigue creyendo a pesar de las dudas que te asaltan cada día. Recházalas. Tu cisne negro se volvió ridículo para que recibas cosas ridículas. Tal vez otros te impulsen a decir que eso es ridículo, pero ten claro que es glorioso porque viene de Dios. No te entregues, sigue creyéndole a Dios, porque tu fe no está basada en los hombres ni en sus palabras. El Dios eterno y verdadero no miente, Él no te defraudará.

Sigue amando a pesar del odio, no permitas que las emociones negativas te atrapen y llenen de resentimientos, porque quedarás descalificado.

No dejes de confesar que un suceso tipo cisne negro viene a tu vida, a tu familia, a tu iglesia, a tu nación.

Si tienes sana la mente, tienes sana toda tu vida.

Vuélvete una bendición para otros, mientras llega tu gran milagro.

Porque tu cisne negro ¡se volvió ridículo!

CAPÍTULO 6

El cisne negro, el caos y la matrix

Dios, en el principio, creó los cielos y la tierra. La tierra era un caos total, las tinieblas cubrían el abismo, y el Espíritu de Dios se movía sobre la superficie de las aguas.

—GÉNESIS 1:1-2

Sí, el SEÑOR se levantará como en el monte Perasín, se moverá como en el valle de Gabaón; para llevar a cabo su extraña obra, para realizar su insólita tarea.

—ISAÍAS 28:21

Los dos hechos históricos que menciona Isaías 28:21 se refieren a David y los filisteos, y a Josué en el valle de Gabaón.

En el caso de David, se dice que cuando los filisteos supieron que iba a ser ungido como rey, todos se levantaron contra él porque percibieron que si no destruían a David al inicio de su reinado, él los terminaría destruyendo a ellos, y vinieron a atacarlo. *"Al enterarse los filisteos de que David había sido ungido rey de todo Israel, subieron todos ellos contra él. Pero David lo supo y salió a su encuentro"* (1 Crónicas 14:8). Fue una acción tan poderosa de parte de David, con la dirección de Dios, que derrotó a los filisteos. *"Fueron, pues, a Baal Perasín, y allí David los derrotó. Entonces dijo: 'Como brecha producida por las aguas, así Dios ha abierto brechas entre mis enemigos por medio de mí'. Por eso a aquel lugar lo llamaron Baal Perasín"* (1 Crónicas 14:11). Cuando Dios se enoja, y te usa en su enojo, todos tus enemigos son como agua que se rompe en tus manos.

El segundo hecho es cuando Dios le dice a Josué que ataque a los amorreos en Gabaón.

Y el Señor le dijo a Josué: "No tiembles ante ellos, pues yo te los entrego; ninguno de ellos podrá resistirte". Después de marchar toda la noche desde Guilgal, Josué los atacó por sorpresa. A su vez, el Señor llenó de pánico a los amorreos ante la presencia del ejército israelita, y este les infligió una tremenda derrota en Gabaón. A los que huyeron los persiguieron por el camino de Bet Jorón, y acabaron con ellos por toda la vía que va a Azeca y Maquedá. Mientras los amorreos huían de Israel, entre Bet Jorón y Azeca, el Señor mandó del cielo una tremenda granizada que mató a más gente de la que el ejército israelita había matado a filo de espada.

—JOSUÉ 10:8-11

Josué sabe que Dios ha hecho una obra portentosa al entregar a sus enemigos en sus manos. Él ha matado a algunos, pero más fueron los que mató el granizo que Dios hizo descender del cielo. Entonces habla a Dios en presencia de los hijos de Israel.

"Ese día en que el Señor entregó a los amorreos en manos de los israelitas, Josué le dijo al Señor en presencia de todo el pueblo: 'Sol, detente en Gabaón, luna, párate sobre Ayalón'" (v. 12).

Dios escuchó la voz del guerrero, la voz de Josué. El sol obedece a la voz y no se esconde por casi un día entero, porque Jehová peleaba por Israel.

Creo que Josué no llegó a comprender la magnitud del milagro recibido. ¡Dios detuvo la Tierra! Ese día hubo un suceso tipo cisne negro sin precedentes para dar la victoria a Josué. Dios va a producir sucesos tipo cisne negro, a tu favor, cuando pelees sus batallas. Si te sientas a renegar y a cuestionar, Dios no va a mover un dedo por ti, pero si peleas sus batallas, Él va a obrar a tu favor, cuando actúes en obediencia al mandato supremo:

Por tanto, vayan y hagan discípulos de todas las naciones, bautizándolos en el nombre del Padre y del Hijo y del Espíritu Santo, enseñándoles a obedecer todo lo que les he mandado a ustedes. Y les aseguro que estaré con ustedes siempre, hasta el fin del mundo.

—MATEO 28:19-20

Dios promete pelear nuestras batallas y hacer cosas sorprendentes a nuestro favor.

Aquel día, para David y para Josué, se manifestaron la justicia de Dios (porque ambos le obedecieron) y el juicio para los enemigos de Israel, los filisteos y los amorreos. Nota las frases del texto de Isaías 28:21: *"extraña obra", "insólita tarea"*. Tales expresiones solo pueden estar asociadas a un suceso peculiar tipo cisne negro. Cuando el enojo del Señor y la decisión de la gente de fe se amalgaman, Dios obra de manera misteriosa.

Dios aún está en escena. Él no ha terminado su obra maestra. Dios hoy nos dice que aguardemos a que el malo desborde su copa de iniquidad, tal como le dijo a Abraham cuando en Sodoma y Gomorra la maldad de los hombres había llegado a su máxima expresión; *"Por eso bajaré, a ver si realmente sus acciones son tan malas como el clamor contra ellas me lo indica; y, si no, he de saberlo"*. En otras palabras, "bajaré y veré si han colmado su copa de iniquidad". ¿Usted quiere que Dios obre para la solución de los hondos problemas que aquejan a la nación? El Señor nos dice: "Espera". No es Dios de una denominación religiosa, ni de un sector de la sociedad: Él es el Señor de las naciones de la Tierra, y nos dice:

"... Desde los tiempos antiguos, yo soy. No hay quien pueda librar de mi mano. Lo que yo hago, nadie puede desbaratarlo". Así dice el Señor, su Redentor, el Santo de Israel: "Por ustedes enviaré gente a Babilonia; abatiré a todos

como fugitivos. En los barcos que eran su orgullo, abatiré también a los caldeos. Yo soy el Señor, su santo; soy su rey, el creador de Israel".

—ISAÍAS 43:13-15

Y en Isaías 42:9: *"Las cosas pasadas se han cumplido, y ahora anuncio cosas nuevas; ¡las anuncio antes que sucedan!".* Dios ya cumplió sus obras primero contigo y conmigo. Lo que falta lo va a hacer, porque si tuvo poder para hacer lo primario, tiene poder para hacer lo que resta.

Alégrate, porque si estás con Cristo estás del lado ganador. El suceso tipo cisne negro ocurrirá, pero en este tiempo tendrás que aprender a moverte en el caos. *"La tierra era un caos total, las tinieblas cubrían el abismo, y el Espíritu de Dios se movía sobre la superficie de las aguas"* (Génesis 1:2). Al meditar sobre este texto, no encontraba una explicación, y me preguntaba: "¿Por qué esta referencia entre los versículos 1 y 3?". Procuré entonces ser sensible a la revelación de Dios, pues me parecía que allí había entrado una cuña.

Luego de *"Dios, en el principio, creó los cielos y la tierra"* (v. 1), debería lógicamente haber seguido: *"Y dijo Dios: '¡Que exista la luz!'. Y la luz llegó a existir"* (v. 3). Así sonaba mejor. Sin embargo, el v. 2 "pareciera" desencajado allí. Es como si alguien hiciera un hermoso cuadro, y al usted admirarlo se diera cuenta de que algo está fuera de lugar. ¿Qué quiso hacer el autor cuando puso eso?

En la meditación del porqué del orden de estos textos, me surgió la frase: "Gobierna en medio del caos".

Revisemos el texto de Génesis 1:2 en diversas versiones de la Biblia: NVI (la utilizada aquí), Biblia al Día, Dios Habla Hoy.

En estas versiones, las palabras que destacan son: caos total, vacío —que significa sin ley—, sumido en la oscuridad, sin forma, nada de vida, oscuridad total.

El Espíritu Santo incubaba en medio del caos. Gestaba algo extraño, maravilloso, y portentoso: algo se metió entre los versículos 1 y 3.

Sí. El Espíritu Santo incubando. ¿Por qué? Porque conoce lo profundo del Padre, y por lo tanto conocía el plan perfecto de Dios para lo creado por Él. ¡Todo lo que Dios crea es bueno en gran manera! El Espíritu Santo sabía que el verso 2 nunca fue la voluntad del Eterno. Él incubó hasta el momento en que el Padre dio la orden en el verso 3, y allí comienza el mundo recreado; el mundo que usted y yo conocemos.

Entre ambos versículos hay algo que no debe estar, pero está. No lo puedes obviar, hay caos total, vacío, profunda oscuridad, nada de forma; y en medio de todo eso, el Espíritu incubando.

A ninguno de nosotros nos agrada la oscuridad y, menos aún, vivir en tinieblas. No nos gusta que reine el caos y el desorden, pero no porque nos desagraden dejarán de existir.

Tu espíritu fue creado en el halo de luz de Dios. Sin embargo, para que vengas a este mundo, tu vida comenzó a gestarse en la oscuridad del vientre de tu madre, y por un tiempo fue lo único que conociste. No eras consciente, pero tenías vida.

También fuiste gestado en la intimidad, en lo secreto de la pasión de tus padres. Probablemente, en la oscuridad de la noche, momento más elegido por las parejas para tener relaciones íntimas. Si mientras eras concebido en el vientre de tu madre te hubieran pedido que describieras la vida, hubieses dicho que era oscura, cálida y húmeda, porque era la única experiencia que tenías. Si te hubiesen dicho que había otra forma de vivir, te habría costado creerlo porque solo conocías esa. Y si te hubiesen requerido una evidencia de esa vida, la evidencia serías tú mismo.

En el vientre de tu madre ya tenías dos manos, pero no te servían porque no fueron hechas para la vida en el vientre sino para tocar, producir, abrazar, acariciar, demostrar amor, señalar, ayudar a otros, alabar a Dios.

También tenías dos pies, que tampoco te servían en el vientre de tu madre, pero hoy te sirven para levantarte, apoyar tu cuerpo, caminar, correr, subir y bajar montañas, nadar. Tenías dos ojos que en ese momento no necesitabas, pero te iban a servir para la vida que vives, para distinguir la luz, la claridad, la belleza, los colores, derramar lágrimas, expresar afecto.

Tenías un corazón cuyos latidos permitían que tu madre supiera que estabas vivo, y que ahora cuidas para vivir los años que Dios te dé. Tenías una cabeza y un cerebro, que no te eran necesarios mientras eras gestado, pero que luego fueron útiles para manifestar los talentos, los dones y la creatividad que Dios te dio.

Tu vida no fue hecha para la oscuridad del vientre de tu madre, tan cálido, húmedo y acogedor; fue diseñada para que funciones en la Tierra.

Tus deseos y sueños te hacen saber que eres algo más que materia. Eres espíritu, alma y cuerpo, por lo tanto, no naciste para vivir en Génesis 1:2, sino a partir del v. 3 en adelante. No naciste para que reine el caos sobre ti sino para incubar y manifestar lo de Dios en tu vida, en tus generaciones, en tu nación.

"Por lo tanto, si alguno está en Cristo, es una nueva creación. ¡Lo viejo ha pasado, ha llegado ya lo nuevo!" (2 Corintios 5:17).

La Palabra te ha sido dada para incubar una nueva vida, una nueva familia, una nueva esperanza, una nueva nación en medio del caos. Te ha sido dada para que el caos y la adversidad, en cualquier área de la vida, no te dominen. Lo único que debe regir tu vida es el Espíritu y la Palabra, pues eres del Reino de Dios. Hiciste un viaje desde la eternidad para vivir en esta Tierra, y eres tan valioso que Cristo vino a recuperar lo que se había perdido —la imagen del Padre en ti—, porque no naciste para el pecado sino para destruir las obras del diablo.

Si estás lleno del Espíritu Santo de Dios, prevalecerás en medio del caos, del desorden, del vacío, de la ausencia de vida, y allí mismo, lejos de renegar de la Palabra, incubarás lo de Dios para que sea manifestado con poder. Será un cisne negro que ha de sorprender a todo el mundo, pero no a ti, porque lo viste antes y lo estás gestando para la gloria de Dios, para bendición tuya, de toda tu casa y de tu nación.

"Yo les he dicho estas cosas para que en mí hallen paz. En este mundo afrontarán aflicciones, pero ¡anímense! Yo he vencido al mundo" (Juan 16:33).

¡Es vital aprender a vivir en la dimensión del Reino! Todos, en ciertos períodos de nuestras vidas, hemos vivido en el v. 2. Hemos luchado contra el caos, el desorden, el vacío, las tinieblas. Hemos conocido de cerca Isaías 5:20: *"¡Ay de los que llaman a lo malo bueno y a lo bueno malo, que tienen las tinieblas por luz y la luz por tinieblas, que tienen lo amargo por dulce y lo dulce por amargo!"*.

Cuando lees las noticias, bien sea por la prensa escrita o por las redes sociales, y ves el noticiero, ¿qué observas? Caos en las naciones. Maldad multiplicada, deterioro social. Asistes los domingos a la congregación para escuchar la Palabra y fortalecer tu fe, y luego durante la semana luchas con situaciones adversas. Luchas con los sentires de tu propia alma, con conflictos familiares, con un problema financiero, laboral o empresarial, con una cuestión de salud y con las tinieblas que traen pensamientos de destrucción. Conoces de cerca a personas que luchan con una enfermedad terminal, entre tanto tú alabas a Dios y esperas un milagro de su parte. Ahora, también tienes claro cuánto abruma el miedo a la muerte y la desesperanza cuando te toca de cerca ese caos. Nunca pensaste vivir en el v. 2. Lo deseable es que el v. 2 fuese el v. 3, pero algo extraño se interpuso. Dios dice:

"Presta atención". Dios te creó a ti y me creó a mí para vivir del v. 3 en adelante, pero es necesario aprender a prevalecer en períodos de caos. ¿Y por qué hay que aprender esto? Porque las cosas más grandes del Espíritu se gestan, se producen, se germinan en la oscuridad. No huyas del caos. Busca fervientemente ser dirigido por Dios para transitarlo y salir de allí. Muévete como hijo coheredero de todas las cosas que Dios preparó de antemano para que andemos en ellas.

En los tiempos de caos, se reconoce a la gente del Espíritu y a la gente de la carne; quedan en evidencia aquellos que sostienen la Palabra hasta el final y han tenido que luchar consigo mismos, con su alma, con sus emociones, con las circunstancias de afuera y con los temores internos, y han prevalecido.

Creemos que Dios enviará un suceso tipo cisne negro que va a cambiar toda la historia.

El v. 3 ocurrió, pero no dice cuánto tiempo el Espíritu incubó sobre las aguas, hasta que Dios dijo: *"Que exista la luz"*.

El Espíritu Santo es la Matrix que necesitas, la pastilla que debes tomar cada día para que se te haga real y actúe, como solo Él sabe hacerlo, en el mundo invisible donde tienes enemigos. Debes tener plena consciencia de que con Cristo eres más que vencedor, y ninguna de las cosas de esta Tierra te van a robar el amor que se halla en Jesús nuestro Señor.

¿Qué hacer para permanecer en intimidad con el Espíritu Santo?

1. Cada día, cada semana, cada año es vida para ti, porque te acerca más a lo eterno. ¿Por qué crees que los años cronológicos que vivimos pasan tan rápido? El tiempo fue creado por Dios para que en ese lapso fueses colocado en la Tierra luego de ser incubado y formado por el Espíritu. Este tiempo se requiere para desarrollar y manifestar la gloria de Dios, y no para ser instrumento y esclavo del pecado. ¿Te das cuenta de lo rápido que transcurre? Lo eterno invade lo temporal hasta que todo sea absorbido, hasta que pongamos a los enemigos de Cristo por estrado de sus pies, y luego será el final de todas las cosas, y el Rey, nuestro Señor y Cristo, aparecerá para reinar en las naciones.

Cada día, mes y año que pasa, el impío se desgasta y muere, y entre tanto vive en Génesis 1:2, a menos que se arrepienta. Mas todos los que decidimos mantenernos firmes en la Palabra y en la expectativa de la fe, en los tiempos de caos, tenemos la convicción de vivir a partir del v. 3 con nuestros hijos, y los hijos de nuestros hijos, hasta que el Señor Jesús vuelva en gloria.

2. Vive en el misterio de la fe, para que lo misterioso no te sorprenda. La fe es misteriosa. Tu propia vida lo es para ti mismo. El Espíritu escudriña lo profundo de Dios, y Dios te irá revelando las cosas a medida que camines con ese halo de misterio, con esa adrenalina que te hace creer que sin riesgo no hay ganancia.

Busca las cosas de arriba y no las de esta Tierra, para

que cuando lo misterioso se manifieste no te sorprenda. Cuando los magos entraron a Jerusalén y preguntaron a los que tendrían que haberlo sabido: *"¿Dónde está el que ha nacido rey de los judíos? (...). Vimos levantarse su estrella y hemos venido a adorarlo"* (Mateo 2:2), Herodes, los líderes religiosos y toda la ciudad se turbaron, porque todos lo ignoraban. Sé sabio del Espíritu y no del conocimiento humano.

3. Aprende a moverte en el caos. No dejes que el caos domine como un huracán que arrastra y lleva a su paso a tu familia y a tu casa. ¡Dios te sorprenderá! Sé una fuente. Alienta a otros. No te entregues a las tinieblas; prevalece sobre ellas, incuba la Palabra, aviva tu espíritu.

4. Sé lleno del Espíritu Santo, hónralo. Él es la Matrix, el único que necesitas. Llénate cada día de Él para que la verdad de Génesis 1:3 sea una realidad en ti y en tu casa, y la historia de tu vida termine así: *"Dios, en el principio, creó los cielos y la tierra (...) Y dijo Dios: '¡Que exista la luz!'. Y la luz llegó a existir".* Y ¿por qué obviar el verso 2? Porque ya lo viviste, ya lo atravesaste y sabes lo que es estar allí.

El Espíritu Santo va a hacer que lo imposible sea posible, que lo increíble sea creíble, y que lo improbable sea probable.

¡Cree, no te detengas en el caos, avanza!

CAPÍTULO 7

El cisne negro en tu economía

Trastornados por su rebeldía, afligidos por su iniquidad, todo alimento les causaba asco. ¡Llegaron a las puertas mismas de la muerte! En su angustia clamaron al Señor, y él los salvó de su aflicción. Envió su palabra para sanarlos, y así los rescató del sepulcro (...). Convirtió el desierto en fuentes de agua, la tierra seca en manantiales; hizo habitar allí a los hambrientos, y ellos fundaron una ciudad habitable. Sembraron campos, plantaron viñedos, obtuvieron abundantes cosechas. Dios los bendijo y se multiplicaron, y no dejó que menguaran sus rebaños.

—SALMO 107:17-20,35-38

Jonathan Canh, rabino mesiánico, ha escrito varios libros, como *El presagio* y *El misterio del Shemitá.*

En este último, habla de cómo ocurren sucesos cada siete años, los cuales dejan una estela en los siguientes dos años de su ocurrencia, y señala que periódicamente tienen lugar debacles.

El presagio, por su parte, es un libro muy interesante. Se refiere a todo lo que ocurrió con la caída de las Torres Gemelas, el 11 de septiembre de 2001, en el mes en que comienza el nuevo año judío. Luego hace alusión a la crisis financiera del 2008 que se desata en los Estados Unidos, precedida por la burbuja inmobiliaria del 2006, y que finalmente se extiende a nivel mundial. Canh va escarbando en toda la historia, alegando que todo se ha cumplido en un 99,99%. También indica que va a haber un tiempo de caos a nivel global, un desplome del sistema económico que afectará a todas las naciones; y sugiere, en la medida de lo posible, volver al patrón oro, o al patrón tierra, en consonancia con Jeremías 32:15. *"Porque así dice el Señor Todopoderoso, el Dios de Israel: 'De nuevo volverán a comprarse casas, campos y viñedos en esta tierra'"* Proverbios 18:10 nos recuerda: *"Torre inexpugnable es el nombre del Señor; a ella corren los justos y se ponen a salvo".* Si hubo un tiempo para confiar plenamente en el Señor, es este.

Sucesos tipo cisne negro que, como he referido en capítulos anteriores, son impredecibles e inesperados para la gran mayoría, con 0% de probabilidad de que ocurran, pueden impactar positiva o negativamente. No obstante, desde que comencé a estudiar acerca de este tipo de eventos y entender el alto impacto que producen, tomé la decisión de enseñar y escribir al respecto, destacando que a los hijos de Dios nos van a ocurrir sucesos tipo cisne negro en forma positiva, a la manera divina.

Leí un artículo recién publicado en la página del Banco Mundial sobre las proyecciones económicas y de estatus de la pobreza a nivel mundial para el año 2030, el cual, entre otras cosas, dice lo siguiente:

Las proyecciones más recientes muestran que, si se mantiene el rumbo actual, el mundo no será capaz de erradicar la pobreza extrema para 2030. Eso se debe a que cada vez es más difícil llegar a quienes todavía viven en la pobreza extrema, dado que con frecuencia se encuentran en países en situación de fragilidad y zonas remotas. El acceso a buena educación, atención de la salud, electricidad, agua salubre y otros servicios fundamentales sigue estando fuera del alcance de muchas personas, a menudo por razones socioeconómicas, geográficas, étnicas y de género. El enfoque multidimensional —en el cual se incluyen otros aspectos, tales como la educación, el acceso a servicios básicos, la atención de la salud y la seguridad— revela un mundo en el que la pobreza es un problema mucho más generalizado y arraigado. La proporción de pobres, según una definición multidimensional que abarca el consumo, la educación y el acceso a servicios básicos, es alrededor del 50 % más alta que cuando se mide teniendo en cuenta exclusivamente la pobreza monetaria. Es más, el progreso frecuentemente es temporal para quienes han logrado salir de la pobreza: las crisis económicas, la inseguridad alimentaria y el cambio climático amenazan con quitarles aquello que han conseguido con tanto esfuerzo y con hacerlos caer nuevamente en la pobreza. Será fundamental encontrar formas de enfrentar estos problemas a medida que se avanza hacia 2030.

—Abril de 2019

La siguiente cita fue tomada del artículo "América Latina y el Caribe: Panorama general", y dice lo siguiente:

Las perspectivas de crecimiento para 2018 no cumplen con las expectativas iniciales debido a los retos que enfrentan algunos países de la región, particularmente en América del Sur. Se espera ahora que la región de ALC crezca 0,6% en 2018 y 1,6% en 2019 (excluida Venezuela, las cifras serían 1,6% en 2018 y 2,1% en 2019). Las razones principales detrás de este crecimiento más lento en América del Sur se deben a las turbulencias de mercado que comenzaron en Argentina en abril, la desaceleración en el crecimiento de Brasil, el deterioro continuo de la situación en Venezuela y un cambio para peor en el entorno externo.

—Octubre de 2018

El problema de la pobreza arrastra un sinfín de variables que están presentes —al menos, aleatoriamente— en algunos países más que en otros y que inciden de manera importante en la calidad de vida de la población y el desarrollo de la región. Dentro de esas variables, observamos:

✓ Inflación o hiperinflación.

✓ Tierras cultivables abandonadas.

✓ Escasez de alimentos.

✓ Escasas oportunidades laborales.

✓ Masa de dinero inorgánica que cada vez pierde más valor frente a las otras monedas.

✓ Pérdida diaria del poder adquisitivo.

✓ Producto bruto interno con tendencia hacia la baja.

✓ Aparato productivo nacional en franco deterioro.

✓ Escasas oportunidades para el emprendimiento.

✓ Difícil acceso al sistema educativo.

✓ Deserción escolar.

✓ Desnutrición infantil.

✓ Incremento de la tasa de pobreza.

✓ Incremento de la tasa de desempleo.

✓ Servicios públicos deficientes.

✓ Inseguridad y violencia.

✓ Corrupción institucional.

En buena medida, repito, unos países más que otros,

viven una situación tipo Samaria cuando fue sitiada por los sirios (vea 2 Reyes 6:24-33). Situación de escasez crítica con pocas —o ninguna— posibilidades de solución. Entendamos: solo la intervención de Dios a favor de las naciones de la Tierra puede salvarnos y rescatarnos del camino, sin retorno, de la crisis y del deterioro económico personal, familiar y nacional.

Salmo 107:17 dice: *"Trastornados por su rebeldía, afligidos por su iniquidad"*.

> *O supongamos que un rey está a punto de ir a la guerra contra otro rey. ¿Acaso no se sienta primero a calcular si con diez mil hombres puede enfrentarse al que viene contra él con veinte mil? Si no puede, enviará una delegación mientras el otro está todavía lejos, para pedir condiciones de paz. De la misma manera, cualquiera de ustedes que no renuncie a todos sus bienes, no puede ser mi discípulo.*
>
> —LUCAS 14:31-33

Como nación y como individuos, no nos queda otra cosa que renunciar a lo poco que tengamos y rendirnos al Señor y Dios del cielo y de la Tierra, y de todo lo que en ellos hay. En estos textos, Jesús nos enseña un principio: considera tus recursos antes de creer que puedes vencer, por tus propios medios, una situación adversa de mayor magnitud.

No es posible superar con éxito la gama de dificultades que viven nuestras naciones e impactan la vida personal y familiar sin la interposición de Dios a nuestro favor.

Lo que el Señor busca es que el pueblo se humille y aplique sensatez.

Veamos qué luz nos arrojan los siguientes textos bíblicos.

Jesús se acercó entonces a ellos y les dijo:
—Se me ha dado toda autoridad en el cielo y en la tierra.
Por tanto, vayan y hagan discípulos de todas las naciones,
bautizándolos en el nombre del Padre y del Hijo y del Es-
píritu Santo.

—MATEO 28:18-19

... y anular la deuda que teníamos pendiente por los re-
quisitos de la ley. Él anuló esa deuda que nos era adversa,
clavándola en la cruz. Desarmó a los poderes y a las po-
testades, y por medio de Cristo los humilló en público al
exhibirlos en su desfile triunfal. Así que nadie los juzgue a
ustedes por lo que comen o beben, o con respecto a días de
fiesta religiosa, de luna nueva o de reposo.

—COLOSENSES 2:14-16

Estuve muerto, pero ahora vivo por los siglos de los siglos,
y tengo las llaves de la muerte y del infierno. Escribe, pues,
lo que has visto, lo que sucede ahora y lo que sucederá des-
pués. Esta es la explicación del misterio de las siete estrellas
que viste en mi mano derecha, y de los siete candelabros de
oro: las siete estrellas son los ángeles de las siete iglesias, y
los siete candelabros son las siete iglesias.

— APOCALIPSIS 1:18-20

Es trascendental comprender que Cristo derrotó por siempre y para siempre el poder que tenía Satanás sobre el ser humano. No obstante, es decisión del hombre apoderarse de la victoria de Cristo para ser más que vencedor en todas las áreas de su vida, incluidas las finanzas y su economía.

Cristo, a través de su muerte expiatoria y su resurrección gloriosa, aplastó a Satanás, y se cumplió Génesis 3:15: *"Pondré enemistad entre tú y la mujer, y entre tu simiente y la de ella; su simiente te aplastará la cabeza, pero tú le morderás el talón"*.

El diablo es un cabeza partida desde hace más de dos mil años, desde que Cristo lo derrotó. Es un enemigo derrotado, y usa de altanerías, de ardides y del poder del alma humana no quebrantada para sus fines perversos. Se vale del poder y la fuerza del pecado para esclavizar a los hombres. Si las personas no pecaran y no fueran altaneras, no tendrían fortalezas mentales que les hacen creerse los sabios del mundo. Dios dice en su Palabra que él hace vana la sabiduría de los entendidos y se ríe de la sabiduría humana. Si entendieran que la verdadera sabiduría está en Dios, el diablo no tendría armas para operar en este mundo, pues necesita de las personas para sus malignidades, y del poder del pecado para esclavizar.

Watchman Nee, en uno de sus escritos, expresa que "mucha gente en el Cuerpo de Cristo habla sobre el poder mental y el poder del alma, y eso no está mal cuando el alma es quebrantada y la mente entregada a Cristo".

Por ello, la importancia de buscar la sabiduría de Dios, aquella que viene de lo alto, a fin de que nuestra alma y nuestra mente no se envanezcan ni nos hagan correr desenfrenadamente en busca de habilidades y destrezas que provienen del árbol de la ciencia del bien y del mal, ni nos creamos más listos que Dios y que los demás al llevar a cabo acciones y consejos equivocados, creyendo que de esa manera vamos a mejorar o cambiar nuestra condición económica. La sabiduría de Dios no viene a tu mente sino a tu espíritu, luego llega a tus pensamientos y los pone a los pies de Cristo para que cambies tu mentalidad por la mente de Cristo, la cual es constructiva, productiva y fructífera, y está sujeta a la voluntad del Padre.

Satanás hace uso del dinero para esclavizar y destruir a las personas. Por lo tanto, es vital que entiendas que detrás del dinero hay una fuerza maligna que te impulsa a hacer cosas destructivas para obtenerlo. De las cinco acepciones que presenta el Diccionario de la Real Academia Española de la Lengua (RAE) para la palabra "domar", voy a utilizar dos: 1. Sujetar, amansar y hacer dócil al animal a fuerza de ejercicio y enseñanza. 2. Sujetar, reprimir, especialmente las pasiones y las conductas desordenadas.

Tú tienes que domar, por medio del ejercicio y la enseñanza, las pasiones y conductas desordenadas que se mueven por el poder del dinero. Si tu mente y tu alma están quebrantadas bajo el dominio de Cristo, trabajarás, emprenderás y te esforzarás para obtener dinero, y este será tu siervo y no, tu amo. Irá y hará lo que le ordenes.

Debes dominar el dinero y su poder, pues de lo contrario, te traspasarán y harán de ti un guiñapo y maldecirá a tus generaciones. El poder económico es "Mammon", conocido como "el dios de la riqueza, de la avaricia y la codicia". Es un ente vivo.

Ningún sirviente puede servir a dos patrones. Menospreciará a uno y amará al otro, o querrá mucho a uno y despreciará al otro. Ustedes no pueden servir a la vez a Dios y a las riquezas.

—LUCAS 16:13

Los que quieren enriquecerse caen en la tentación y se vuelven esclavos de sus muchos deseos. Estos afanes insensatos y dañinos hunden a la gente en la ruina y en la destrucción. Porque el amor al dinero es la raíz de toda clase de males. Por codiciarlo, algunos se han desviado de la fe y se han causado muchísimos sinsabores.

—1 TIMOTEO 6:9-10

Hay un deseo normal de superación y de dinero para vivir dignamente. Ese deseo fue puesto por Dios en el corazón humano para servirle a Él y para crear bienestar para ti y para tu casa. El texto bíblico que precede se refiere al deseo de enriquecimiento lujurioso y perverso, sin escrúpulos, que se procura sin importar por qué medios y quién se vea afectado en el camino.

El apóstol Pablo dice que el amor al dinero es la raíz

de los conflictos, de todas las guerras, de las discusiones y de las separaciones matrimoniales. Sí, la raíz de todos los males es el amor —*philarguria*— al dinero. *Philarguria* o filarguria significa mala conexión con el dinero: codicia, avaricia. No se trata de aspiraciones del bien sino sentires de codicia. Es como una espada que traspasa, y traspasa con muchos dolores. Y no solo afecta a los padres; traspasa al hijo, al nieto y al bisnieto; y si no hay alguien en la línea generacional que la corte, sus descendientes vivirán de maldición en maldición. Cuando las personas hacen ganancias mal habidas, su siguiente generación lo paga con creces, con dolor y destrucción.

No envidies a los malvados y a los que ejecutan acciones ilícitas para obtener dinero mal habido. Mantente fiel a Dios, y pídele que te dé una idea divina para prosperar bajo los principios de su Palabra.

Efesios 1:3 dice: *"Alabado sea Dios, Padre de nuestro Señor Jesucristo, que nos ha bendecido en las regiones celestiales con toda bendición espiritual en Cristo"*. La bendición es primeramente espiritual, y luego se manifiesta en lo físico. Si está en tu espíritu, se manifestará en tu cuerpo y en tu vida económica. Por ello, cuando una persona no tiene bendición en su espíritu, tendrá que hacer de las suyas para usar trampas, estafas, fraudes, engaños, adquirir lo robado, andar en triquiñuelas, para terminar hundida en perdición y destrucción.

La bendición de Dios es la que enriquece y no añade males, ni angustia, ni dolor. Viene limpia para que la disfrutes con tu familia y para que seas de bendición para el Reino de Dios y para otras personas.

Pablo dijo en 1 Timoteo 6:6: *"Es cierto que con la verdadera religión se obtienen grandes ganancias, pero solo si uno está satisfecho con lo que tiene".* La RAE define piedad como 'virtud que inspira por el amor a Dios, y amor al prójimo, actos de amor y compasión'. Gran ganancia no es tener muchos amigos ricos; es ser piadoso y estar contento con la bendición de Dios. La riqueza de Dios no fue creada para el impío sino para los piadosos.

Primera de *Timoteo 6:8* dice: *"Así que, si tenemos ropa y comida, contentémonos con eso".* La bendición de Dios también nos asegura el sustento y el abrigo. Sustento, en la Biblia, no es sobrevivencia, sino todo lo que hace falta para vivir digna y honradamente. Tener para dar y ser financista del Reino de Dios. Eso es sustento. Abrigo es tener la protección de Dios en todo lo que hacemos. *"El que habita al abrigo del Altísimo se acoge a la sombra del Todopoderoso"* (Salmo 91:1).

Todos los hombres de Dios del Antiguo Testamento eran espirituales y ricos. No se concebía que fueran espirituales y pobres. Tampoco se concebía que fueran ricos y no espirituales, porque, significaba que transitaban por el camino de los soberbios. Es decir, para Dios, espiritualidad y riqueza van tomadas de la mano.

"¿Acaso no están bajo tu protección él y su familia y todas sus posesiones? De tal modo has bendecido la obra de sus

manos que sus rebaños y ganados llenan toda la tierra" (Job 1:10).

"Abram salió de Egipto con su esposa, con Lot y con todos sus bienes, en dirección a la región del Néguev. Abram se había hecho muy rico en ganado, plata y oro" (Génesis 13:1-2).

En el Nuevo Testamento, Filemón es un caso de cómo debe ser la vida de un empresario.

> ... a procurar vivir en paz con todos, a ocuparse de sus propias responsabilidades y a trabajar con sus propias manos. Así les he mandado, para que por su modo de vivir se ganen el respeto de los que no son creyentes, y no tengan que depender de nadie.
>
> —1 Tesalonicenses 4:11-12

Dios no quiere que tengas necesidad de nada. Te quiere ocupado en el negocio que te dio, o te va a dar, y que trabajes con tus manos, de la manera que Él lo ha mandado, siendo honesto y sabiendo que la bendición del Señor te va a guardar del mal.

"Querido hermano, oro para que te vaya bien en todos tus asuntos y goces de buena salud, así como prosperas espiritualmente" (3 Juan 2).

En los textos antes referidos del Nuevo Testamento, observamos a personas que se ocupaban de sus negocios. Toda bendición debe ser administrada sabiamente. La bendición es espiritual, mas la administración es personal. Conozco muchas personas que administran bien lo que Dios les entrega, y lo multiplican. Y también conozco personas que han sido bendecidas por Él financieramente, pero que han administrado mal los recursos, y lo perdieron todo. Proverbios 24:3-4 nos enseña que *"con sabiduría se construye la casa; con inteligencia se echan los cimientos. Con buen juicio se llenan sus cuartos de bellos y extraordinarios tesoros"*. Es necesario edificar, afirmar y llenar. Tres verbos claves en la acción, aunque por sí solos insuficientes. Se requiere de tres virtudes para consumar la bendición y ser buenos administradores: sabiduría, prudencia y ciencia.

Sabiduría es recibir una palabra de conocimiento de parte de Dios, para ser advertidos por Él de negocios que otros no ven. Y tú avanzas con la plena convicción de que recibiste palabra de sabiduría y sabes que viene de Dios. El rendimiento de tu inversión no solo será al ciento por uno, sino que se activará para bendición y gloria de Dios, el *"mil veces más"* que exclamó Moisés en Deuteronomio 1:11: *"¡Que el Señor, el Dios de sus antepasados, los multiplique mil veces más, y los bendiga tal como lo prometió!"*. La palabra de sabiduría solo te la puede dar el Espíritu Santo, y si no tienes comunión con Él y escuchas demasiado a la gente, y no a la gente sabia, vas a ser engañado.

Con sabiduría se edifica el *Oikos*, la casa. Esto no se refiere solo al lugar donde comes y duermes. El hombre y la mujer de Dios edifican la casa-familia con principios y valores provenientes de la Palabra de Dios, pues saben que los hijos no son nuestros sino de Dios, y por esa causa Dios los bendice para que críen y levanten una descendencia para su propósito.

Prudencia es tener el discernimiento activo. Saber cuándo hablar y cuándo callar. Cuándo invertir y cuándo abstenerse de hacerlo. Dios nunca deja avergonzados a los que en Él confían. La prudencia es el discernimiento para no ser engañados por el mal.

Ciencia es habilidad creativa. Primero necesitas edificar tu casa, y, en tercer lugar, llenarla. La casa se llena con ciencia. La mente debe estar orientada a escuchar a Dios y correr riesgos por esa palabra dada para expansión. Creer que lo que Dios habló se cumplirá, tal como Él lo dijo.

Debes tener la mente orientada a correr riesgos para la expansión. Entonces, y solo entonces, ocurrirá la edificación, la afirmación y la llenura de todo bien preciado y agradable. ¡Tu casa olerá a abundancia de Dios, a presencia de Cristo!

La abundancia es un pensamiento divino que llega a tu espíritu y crea un cuadro para que veas a través de tu imaginación santificada. Te ves bendecido con toda bendición. Ves la familia, la casa y la empresa de tus sueños. Ves que lo soñado no es solo una declaración, sino una gloriosa realidad. En tu imaginación, lo ves, y lo que ves confiesas; y lo que confiesas se afirma dentro ti. Y lo que se afirma dentro de ti es por lo cual oras a Dios, y vas a actuar. El diablo quiere dañar tu imaginación con pensamientos destructivos de miseria, caos, muerte y promiscuidad, porque sabe que tu imaginación es vital para que los pensamientos de abundancia y prosperidad vengan a ti; y una vez que están en tu interior, podrá quitar cualquier cosa, pero jamás va a quitar la Palabra ni los pensamientos de Dios, los cuales jamás te van a tirar hacia abajo, siempre te impulsarán hacia arriba.

Cambia tu manera de pensar por la Palabra, y va a cambiar tu manera de vivir.

Los pensamientos de Dios te libran de estar mal conectado con las finanzas. Pues, como ya lo hemos dicho, raíz de todos los males es la mala conexión con el dinero. Tu conexión es con Dios, la fuente de todo bien. Dios te enviará sus ideas y hará que el dinero venga a ti, por cuanto encontró una vida santificada y un inversionista de su Reino.

La bendición es espiritual y luego virtual. No la ves, pero está allí. Es como cuando entras a través de un medio electrónico a tu cuenta del banco: puedes ver cuánto dinero tienes en ella, pero es virtual. ¿Quién te asegura que lo tienes? De igual modo, las monedas criptónicas: todo es virtual.

La bendición, primeramente, es espiritual; luego, virtual, y, en tercer lugar, productiva. La productividad de lo espiritual y lo virtual comienza en ti. Cuando se te revela, observas que lo primero que Dios transforma no es el entorno, ni las demás personas; eres tú. Te convierte en una persona productiva, diferente, solucionadora de problemas y vencedora en medio de circunstancias adversas.

Es entonces, luego de gestarse en lo espiritual, en lo virtual y en lo productivo, cuando la bendición se hace visible. Se observa, se palpa, se disfruta. Te conviertes en una persona hábil, sabia, con discernimiento para manejarte en medio de lobos feroces y del sistema opresor del mundo económico y financiero. Te conviertes en lo que yo planteo en mi libro *Corderos en piel de lobos.*

✓ Debes abrirte e investigar acerca de las nuevas tendencias económicas.

✓ Debes abrirte a lo que ocurre hoy en el mundo porque todo lo que conoces hoy quizás en los próximos años no exista, así que debes estar preparado.

✓ Debes abrirte a conocer y saber acerca de las criptomonedas, el bitcoin, las empresas de peniques y centavos (sus acciones).

✓ Debes hacer negocios de retorno de ganancias que tengan fluidez, y retorno inmediato. No esperes el fin de año para repartir ganancias del negocio, pues de lo contrario la inflación hará de las suyas.

✓ Debes abrirte al patrón oro. Si tienes algo en la casa, no salgas a venderlo sino espera.

Este es un sistema opresor a nivel global. Llámese ultraderecha, derecha, ultraizquierda, izquierda, capitalismo salvaje, comunismo, o como sea, se trata de un sistema opresor egipcio donde las personas sirven para trabajar de la mañana a la noche, y solo se ocupan de sobrevivir. Está diseñado para esclavizar. Dios te ha hecho libre a través de su Hijo Jesucristo. *"Yo les he dicho estas cosas para que en mí hallen paz. En este mundo afrontarán aflicciones, pero ¡anímense! Yo he vencido al mundo"* (Juan 16:33).

La llave maestra para prevalecer en medio de la aflicción es la generosidad y la dadivosidad.

A los ricos de este mundo, mándales que no sean arrogantes ni pongan su esperanza en las riquezas, que son tan inseguras, sino en Dios, que nos provee de todo en abundancia para que lo disfrutemos. Mándales que hagan el bien, que sean ricos en buenas obras, y generosos, dispuestos a compartir lo que tienen. De este modo atesorarán para sí un seguro caudal para el futuro y obtendrán la vida verdadera.

—1 Timoteo 6:17-19

1. Dar beneficia más al dador que al receptor. *"Con mi ejemplo les he mostrado que es preciso trabajar duro para ayudar a los necesitados, recordando las palabras del Señor Jesús: 'Hay más dicha en dar que en recibir'"* (Hechos 20:35). Y cuando recibas, recibe con alegría y gratitud.

2. Dar más allá de lo regular. *"Soy testigo de que dieron espontáneamente tanto como podían, y aún más de lo que podían"* (2 Corintios 8:3).
3. Los dadores son personas creativas y productivas, no consumidoras. Son más dadores que receptores. Cuando das, canjeas algo material por una idea creativa de Dios. Una idea de Dios cambia tu vida, porque las ideas suyas vienen con su provisión.

La visión de Dios trae provisión. Si no hay visión, es ilusión. *"Den, y se les dará: se les echará en el regazo una medida llena, apretada, sacudida y desbordante. Porque con la medida que midan a otros, se les medirá a ustedes"* (Lucas 6:38). El mejor negocio te lo hace Dios cada domingo, cuando te reúnes para alabarlo y adorarlo, y recibir dirección de Él a través de su Palabra predicada. Allí entregas ofrendas y diezmos en fe, con corazón alegre, porque estás atesorando buen fundamento.

Vas a tener abundancia en un mundo de lobos. La Biblia nos refiere que Isaac vivía como forastero en tierra de los filisteos, en un lugar llamado Gerar. Dios le dice: *"Vive en ese lugar por un tiempo. Yo estaré contigo y te bendeciré..."* (Génesis 26:3). Isaac obedece, y rodeado de trampas, engaños, codicia y soberbia, fue bendecido sobremanera. El Señor lo bendijo de tal manera que despertó envidia de la gente del lugar. *"Así Isaac fue acumulando riquezas, hasta*

El REGRESO DEL CISNE NEGRO

que llegó a ser muy rico" (Génesis 26:13). ¡Alégrate!, si te envidian es porque la bendición del Señor está sobre ti.

Ahora bien, tenemos claro que el anhelo de Dios Padre es bendecirnos, y de hecho nos bendice. Sin embargo, para que la bendición fluya y no erremos al blanco, requerimos la guía y dirección de su Espíritu, depender de Él como cuestión vital, ya que sabe todas las cosas. Conoce el corazón y las intenciones de las personas con las que deseas asociarte, hacer alianzas y negociar. El Espíritu Santo guía a toda la verdad. En un mundo de lobos, tienes lo que ellos, no. Cuentas con Uno que está sobre ellos y sobre todos, y es el Espíritu Santo de Dios.

La riqueza que proviene de Dios es un misterio, uno lleno de su gracia y favor. Es un cisne negro para los demás, por eso es un misterio; mas para los hijos de Dios es una gloriosa realidad.

Reflexiones finales:

1. Las causas del abatimiento y las congojas en las naciones, en las familias y en los individuos son: el camino de la rebelión y la tiranía de las maldades. *"Trastornados por su rebeldía, afligidos por su iniquidad"* (Salmo 107:17).
    Rebelión ¿a quién? A Dios y a su Palabra, y la obstinación del hombre en practicar la maldad. Tiranizar, maltratar, violentar, abusar, ofender, no desear el bien común. Todo ello

trae grandes congojas y aflicciones a la nación y a las familias que la componen.

2. Dios enviará su Palabra sobre tu nación, sobre tu familia, sobre ti, sobre tu economía, sobre tu salud, sobre tus bienes. La envía para sanidad integral: de tu espíritu, de tu mente y pensamientos, de tu cuerpo, de tu hogar. *"Envió su palabra para sanarlos, y así los rescató del sepulcro"* (Salmo 107:20).

   Liberación del espíritu de ruina y miseria. Liberación de la maldición de pobreza, de escasez, de hurto, de falso juramento, de idolatría, de consultar las tinieblas por medio de brujos y hechiceros.

3. Prepárate para ser bendecido en medio de lobos. Dios va a usarlos para bendecirte. ¡Dios usará lo que menos imaginas!

4. Estudia e investiga sobre las nuevas tendencias económicas.

5. Practica la generosidad. Cumple lo que dice la Palabra en cuanto a diezmos, ofrendas, primicias y pactos.

¡Avanza! La bendición de Dios está sobre ti.

CAPÍTULO 8

El cisne negro aún vive

No hay ave rapaz que conozca ese escondrijo ni ojo de halcón que lo haya descubierto. Ninguna bestia salvaje ha puesto allí su pie; tampoco merodean allí los leones.

—JOB 28:7-8

La noche del 2 de enero de 2019 tuve un sueño muy vívido, que entendí que venía de parte del Señor. Me vi en la casa donde nací, en la provincia de Catamarca, Argentina. Conmigo había gente joven de Argentina y de Venezuela, que hablaban animadamente, y todos tenían bolsas en sus manos. En las bolsas tenían tesoros y cheques en dólares. También tenían discos, como DVDs. Los jóvenes me decían: "Si quieres quedarte en el pasado, te damos los cheques, pero si quieres avanzar al futuro, aquí tienes estos discos". Cuando me decían eso, se referían a las monedas criptónicas. El estuche de los discos tenía impresa la frase "El camino al futuro".

En el sueño, vino a mi mente el texto de Job 28:7-8. Asimismo, las palabras, que tantas veces hemos leído y referido, de Juan 16:13 *"Pero, cuando venga el Espíritu de la verdad, él los guiará a toda la verdad, porque no hablará por su propia cuenta, sino que dirá solo lo que oiga y les anunciará las cosas por venir"*, y luego, retumbó en mi mente la frase: "Esto es el futuro, ¿dónde quieres estar?". Entendí en el sueño lo que por largo tiempo hemos declarado: "Tu más grande bendición nunca ha quedado en el pasado, está delante de ti".

En abril de 2017, se realizó una conferencia internacional en la localidad de Mese, Berlín, Alemania, titulada "Cumbre de la Universidad de la Singularidad". Voy a referirme a algunas notas de la conferencia "Bienvenido a la era exponencial", dictada por Udo Gollub y Alejandro Guzmán Stein, en el marco de dicha cumbre.

En 1998, Kodak tenía 170 000 empleados y vendía el 85% de todas las fotos en papel del mundo. En muy pocos años, su modelo de negocio desapareció y fue a la quiebra. Lo que les ocurrió a ellos, les pasará a muchas otras industrias en los próximos diez años. ¿Pensabas en 1998 que tres años más tarde no volverían a tomar fotografías en papel? A pesar de que las cámaras digitales fueron inventadas en 1975, como todas las tecnologías exponenciales, fueron una desilusión por un largo tiempo, antes de que se convirtieran en muy superiores y fueron la tendencia principal en pocos años.

Así pasará con la inteligencia artificial, la salud, los automóviles eléctricos, la educación, las impresiones en 3D, la agricultura y los puestos de trabajo. Así que bienvenidos a la "Cuarta Revolución Industrial". El software cambiará la mayoría de las industrias tradicionales, en los próximos cinco a diez años.

Uber es solo una herramienta de software. No posee ningún vehículo y ahora es la compañía de taxis más grande del mundo.

Airbnb es ahora la compañía de hoteles más grande del mundo a pesar de no tener ningún hotel.

En cuanto a inteligencia artificial, las computadoras serán exponencialmente mejores en entender el mundo. En el año 2017, una computadora venció al mejor jugador de Go del mundo (juego chino más complejo que el ajedrez), diez años antes de lo esperado.

En Estados Unidos, jóvenes abogados no consiguen trabajo porque con IBM Watson puedes conseguir asesoramiento legal en cuestiones básicas en segundos y con una precisión del 90%, comparado con el 70% de los humanos. Así que si usted estudia derecho, pare inmediatamente porque en el futuro habrá 90% menos de abogados.

Watson Health ya está ayudando a los clínicos a diagnosticar enfermedades con precisión cuatro veces mayor que los médicos.

Facebook tiene un software con patrón de reconocimiento que puede reconocer rostros mejor que los humanos. En el 2030, las computadoras serán más inteligentes que las personas.

Automóviles autónomos aparecerán al público en el 2018, y alrededor del 2020, toda la industria comenzará a tener problemas. No querrás volver a tener un auto, los llamarás con tu teléfono, aparecerá dónde estás y te llevará a tu destino; no tendrás que estacionarlo sino pagar por la distancia recorrida, y podrás trabajar mientras viajas. Nuestros niños no necesitarán una licencia para manejar y no poseerán un vehículo. Las ciudades cambiarán porque necesitaremos un 90% menos de autos y podremos transformar los estacionamientos en parques.

Más de un millón de personas mueren cada año por accidentes automovilísticos; ahora tenemos un accidente en cada cien mil kilómetros, pero con los automóviles autónomos eso cambiará a un accidente en diez millones de kilómetros, y esto salvará un millón de vidas cada año.

La mayoría de las compañías automotrices podrían quebrar. Las empresas tradicionales usan el enfoque evolutivo, mientras que las compañías tecnológicas como Tesla, Google, Apple tienen el enfoque revolucionario y fabrican computadoras con ruedas. Hablé con ingenieros de BMW, Audi, y están completamente aterrados por Tesla (compañía de automóviles eléctricos).

Las compañías de seguros tendrán terribles problemas porque sin accidentes el seguro será cien veces más barato. Sus modelos de seguros para vehículos desaparecerán. El negocio inmobiliario también cambiará porque si puedes trabajar mientras viajas, las personas se mudarán más lejos de la ciudad. No se necesitarán tantos garajes, así que vivir en la ciudad podría resultar más atractivo debido a que a la gente le gusta estar con otra gente; eso no va a cambiar.

Los automóviles eléctricos serán los convencionales en el 2020; las ciudades serán menos ruidosas, porque todos los carros serán eléctricos y la electricidad será limpia y económica. La producción de energía solar ha estado en una increíble curva exponencial por años, pero ahora solo se puede ver el impacto. El año pasado fue instalada más energía solar que energía fósil. El precio de la energía solar caerá tanto que todas las compañías productoras de carbón estarán fuera del negocio a partir del 2025.

De igual manera, con la electricidad barata viene agua abundante y barata mediante la desalinización. Imagine qué sería posible si cada uno pudiera tener tanta agua limpia como quisiera, y casi sin costo.

Este año anunciarán el precio de un aparato

llamado "Tricor", que interactúa con su teléfono y puede hacer un scan de su retina, tomará muestras de su sangre y de su aliento. Analizará cincuenta y cuatro marcadores biológicos que identificarán casi cualquier enfermedad. Será tan barato que en unos años todos tendrán acceso a medicina de clase mundial casi gratis.

Las impresoras en 3D bajaron de dieciocho mil dólares a cuatrocientos dólares en diez años; en ese mismo tiempo, se volvió cien veces más rápida, tanto que todas las compañías de zapatos comenzaron a imprimirlos en 3D; igualmente se imprimen partes de aviones. La estación espacial tiene ahora una impresora que elimina la necesidad de grandes partes que solían tener en el pasado.

Al final de este año, los Smartphone tendrán posibilidades de escanear en 3D. En China, ya se ha impreso un edificio de seis pisos. Para el 2027, el 20% de todo lo que se produce será impreso en 3D.

Las oportunidades de negocio. Si usted piensa en un nicho de mercado en el cual debe participar, pregúntese: "En el futuro, ¿tendremos esto?". Si la respuesta es sí, "¿Cómo lo puedo hacer más rápido?". Si no funciona con su teléfono, olvídese de la idea. Y cualquier idea diseñada para tener éxito en el siglo XX está destinada a fracasar en el siglo XXI.

En cuanto al trabajo, el 70% a 80% de los trabajos actuales desaparecerán en los próximos veinte años. Habrá un montón de nuevos trabajos u ocupaciones, pero todavía no está claro si habrá suficientes nuevos trabajos en ese poco tiempo.

Agricultura. Habrá un robot de cien dólares; los agricultores en los países del tercer mundo podrán convertirse en gerentes de sus propios campos en lugar de trabajar todos los días. Los hidropónicos necesitarán menos agua. Los primeros bistecs de ternera producidos en placas de petro ya están ahora disponibles y serán más baratos que los producidos por el ganado vacuno para el 2019. Ahora mismo, 30% de toda la superficie agrícola es usada para ganado vacuno. Imagínese si no se necesitara ese espacio. Habrá varias empresas que elaborarán proteínas de insectos que contienen más proteínas que la carne, y serán marcadas como fuente de proteínas alternativas. No obstante, la mayoría de las personas todavía rechazan la idea de comer insectos.

Educación. En una generación más, los campus quedarán reducidos a laboratorios de prueba e investigación y desarrollo de casos y técnicas, y la instrucción será por Internet y videoconferencia. Los exámenes también serán hechos remotamente y detectarán si la persona "sabe" o copia o memoriza.

Toda persona sin educación técnica o especializada será esclavo financiero, sin derechos plenos de ciudadanía.

Hay una aplicación llamada "Moodies" que ya puede decirle de qué humor se encuentra. Para el

2020, habrá aplicaciones que podrán decir si usted miente por sus expresiones faciales. Imagínese un debate político que muestre cuándo están diciendo la verdad o están mintiendo.

Los bitcoins se convertirán en uso normal este año y podrán incluso convertirse en la reserva de las monedas. El dinero en papel desaparecerá en dos generaciones y toda transacción será electrónica.

Longevidad. Actualmente, el promedio de vida se incrementa tres meses por año. Hace cuatro años, el promedio de vida era de 79 años, ahora es de 80. El incremento mismo está creciendo y para el 2036 probablemente será de un año de incremento por año. Así que podríamos vivir por mucho tiempo, probablemente más de cien años. Lo único que podría detener esta evolución sería la aniquilación de la raza humana por unos pocos necios con poder y sin educación.

(Como ya fue referenciado, estas anotaciones son del alemán Udo Gollub y de Alejandro Guzmán Stein, hechas durante la cumbre de la Universidad de la Singularidad llevada a cabo en Messe Berlín, Alemania en abril del 2016. Fuente: Artículo publicado en Google por Entorno Empresarial el 1 de diciembre de 2017).

Las notas antes señaladas tienen como propósito que entendamos que, entretanto hay gente pensando en el pasado, las grandes bendiciones de Dios están en el futuro.

También quiero expresar que el sueño, antes referido, no fue mera casualidad, ni uno cualquiera. Entiendo, ahora mucho más, que fue de parte de Dios, quien me inquirió: "¿Dónde quieres estar? Eso es el futuro".

Si los hombres y mujeres que gobiernan nuestros países no tienen visión de futuro, ni son estadistas, ni preparan a la gente, ni proveen soluciones a los problemas que más aquejan, como lo son los problemas económicos y sociales, las naciones entrarán en una debacle que no nos permitirá competir; mientras discuten por asuntos domésticos, el mundo va en un aumento tecnológico impresionante, rumbo a la era exponencial.

En los capítulos uno y dos de este libro, expuse sobre la teoría del cisne negro presentada por Nassim Nicholas Taleb en el año 2007. El cisne negro es la explicación de sucesos inesperados que encierran una carga de sorpresa de tan dimensión que multiplica su impacto; nadie se los espera, pero ocurren. Hasta el siglo XVII, todos los cisnes eran blancos, cuando de pronto hubo una mutación genética y aparecieron los cisnes negros, ante el asombro general.

Taleb habla sobre la importancia en la historia de la humanidad que tienen los eventos sin dirección e inesperados, normalmente ignorados por sus bajas probabilidades de ocurrencia, por ser extremos y azarosos. Son cisnes negros que aparecen después de existir millones de cisnes blancos. Son eventos históricos, científicos, artísticos que se dan sin que los esperemos, y nos cambian para siempre. Por ejemplo: Internet, Hitler, las guerras relámpagos, obras artísticas, el 11 de septiembre.

El cisne negro se trata de un evento que es percibido como enormemente improbable. Es impredecible e inesperado, tiene consecuencias considerables, y, posteriormente, se suelen presentar elaborados razonamientos lógicos para demostrar que no hubiese sido demasiado difícil vaticinar el suceso. En general, cuando llegamos a la conclusión de que algo es altamente improbable, nuestra reacción suele ser olvidarnos del asunto y no pensar en ello nunca más; pero eludir ciertas cuestiones por la baja probabilidad de que ocurra puede ser un gravísimo error.

El cisne negro es equivalente a lo altamente improbable o a probabilidad tendente a cero; quien lo averigua se convierte en un visionario o en un estúpido.

Para Taleb, los acontecimientos tipo cisne negro son perfectamente explicables *a posteriori*. O las personas viven ajenas a las señales que producen y, por lo tanto, no las perciben, o viven ideológicamente en otro mundo. El primer supuesto explica la conmoción internacional ante realidades como el Brexit y el triunfo de Donald Trump, en las elecciones presidenciales de los Estados Unidos en el 2016. La tesis del cisne negro mantiene que solo con retrospección podremos volver a ver el pasado y darnos cuenta de las señales que pasaron inadvertidas.

Según Nicolás Taleb, para que un fenómeno pueda considerarse un evento tipo cisne negro tienen que darse tres condiciones:

1. El evento es sorprendente y no había ocurrido hasta entonces, y muy pocos o nadie podrían haber pensado que ocurriría jamás.
2. El impacto es enorme en extremo, ya sea positivo o negativo.
3. Una vez ocurrido, la explicación de por qué ocurrió y el mecanismo de cómo podía haber sido predicho es relativamente sencilla, y todo el mundo se vuelve un experto en explicarlo pero nunca en anticiparlo.

El objetivo de conocer e investigar en referencia a los llamados sucesos tipo cisne negro es prepararnos para adquirir, en lo posible, fortaleza frente a un suceso inesperado, y que sus efectos negativos no nos hundan, y, por el contrario, aprovechar el suceso para bien. Estos sucesos pudiesen ocurrir en el sistema bancario, en el área inmobiliaria, en las empresas comerciales, en la economía o salud familiar. Esas y otras áreas son vulnerables a sucesos tipo cisne negro, con impacto positivo o negativo. ¡Qué más quisiéramos que esos sucesos fuesen solo de impacto positivo!

El cisne negro aún vive, y Dios nos va a sorprender. Él tiene algo bajo su mano para ejecutar a favor de nosotros y de nuestras naciones. Jesús dijo:

Habrá señales en el sol, la luna y las estrellas. En la tierra, las naciones estarán angustiadas y perplejas por el

bramido y la agitación del mar. Se desmayarán de terror
los hombres, temerosos por lo que va a sucederle al mundo,
porque los cuerpos celestes serán sacudidos. Entonces verán
al Hijo del hombre venir en una nube con poder y gran
gloria. Cuando comiencen a suceder estas cosas, cobren
ánimo y levanten la cabeza, porque se acerca su redención.

—LUCAS 21:25-28

¡Un suceso tipo cisne negro está cerca para todos
nosotros!

Tu gran bendición está en el futuro. Es vital para ti y
para tu casa dejar de afligirte por las circunstancias adversas que puedas estar viviendo, y de añorar el pasado
creyendo que fue lo mejor que has vivido. Job dice que el
camino del futuro, el camino de la sabiduría de Dios que
ha de manifestarse, es una senda que nadie la conoció
jamás. La versión Dios Habla Hoy lo dice de la siguiente
manera: *"Ni los halcones ni otras aves de rapiña han visto*
jamás esos senderos. Las fieras no pasan por ellos ni los fre-
cuentan los leones" (Job 28:7-8).

Job capítulo 28 alaba a la sabiduría, aquella que abre
camino a cosas desconocidas. Te invito a que leas este capítulo en diferentes versiones y observarás que Job hace
un paralelo entre la tierra, los minerales y los mineros que
bajan a las profundidades de la tierra en busca de metales
preciosos. Nos enseña que lo que viene de parte de Dios
para nuestras vidas no está en la superficie. Es una senda
que nunca conoció ave, ni animal fiero; ni ojo de buitre la

ha visto. Debes tener la actitud de un minero que se juega la vida cuando baja a las profundidades de la tierra en busca de minerales preciosos, los cuales no se consiguen en la superficie.

Cristo dijo que el Espíritu nos guiará a toda la verdad (ver Juan 16:13), Entonces, el futuro no nos sorprenderá, porque Él revela lo que habrá de venir. Seamos sinceros, muchas veces parte del Pueblo de Dios anda confundido porque escucha muchas voces; hablan de que "Dios les dijo", y su forma de vida es un desastre. No perdamos el tiempo con gente que no tiene resultados en lo que dice, porque si Dios les habló debe evidenciarse por sus frutos.

Job habla de un camino jamás transitado, uno para que el cisne negro se manifieste, pues aún lo de Dios está vivo, y Él tiene la última palabra. Es un camino singular que nadie conoce. Mas a los que buscan la sabiduría se les revela, pues el Espíritu les habla acerca del futuro, de las cosas que han de venir. Y cuando les es revelado, están allí como vencedores. El cisne negro no los tomó por sorpresa.

Jesús dijo: *"Les conviene que yo me vaya..."* (Juan 16:7), y Pablo escribió en Romanos 8:26: *"No sabemos qué pedir..."*. No conocemos cómo orar. Mejor dicho, sabemos orar en un nivel básico, pero no orar como nos conviene; mas el Espíritu mismo intercede por nosotros y, solo entonces, viene el verso 28: *"Sabemos que Dios dispone todas las cosas para el bien de quienes lo aman..."*.

A los que buscan la sabiduría, a los que procuran una

senda que nunca un ave conoció, a esos todas las cosas les van a ayudar a bien, porque tienen de aliado al Espíritu Santo, que los va a guiar a toda la verdad.

Es un camino singular que nadie conoce y que está resguardado del mal. Lo que Dios te va a revelar ya viene protegido del mal, marcado con el sello del Espíritu Santo.

El texto de Job 28 habla de animales fieros y del león. Son fuerzas malignas que están en la Tierra. Dios va guardarte de toda componenda diabólica y de todos los pensamientos y tramas de los malvados que nos refiere el Salmo 64 (te invito a leerlo). El diablo hace una investigación exacta y se jacta y burla, creyendo que se va salir con la suya.

¡Lo que Dios tiene para ti y para mí no lo sabemos, pero Dios, sí! La ventaja de trabajar con Dios es que no sabes lo que los malignos piensan acerca de ti, pero Dios sí conoce todo lo que los malignos traman en tu contra. Ellos lo ignoran, pero Dios lo sabe. Tú no lo sabes, pero el Espíritu, sí, y Él te guardará de todo mal.

Es un camino que los ignorantes no transitan, sino quienes buscan la sabiduría.

Pero ¿dónde se halla la sabiduría? ¿Dónde habita la inteligencia? Nadie sabe lo que ella vale, pues no se encuentra en este mundo. "Aquí no está", dice el océano; "Aquí tampoco", responde el mar. No se compra con el oro más fino, ni su precio se calcula en plata. No se compra con oro refinado, ni con ónice ni zafiros.

Ni el oro ni el cristal se comparan con ella, ni se cambia por áureas joyas. ¡Para qué mencionar el coral y el jaspe! ¡La sabiduría vale más que los rubíes! El topacio de Cus no se le iguala, ni es posible comprarla con oro puro. ¿De dónde, pues, viene la sabiduría? ¿Dónde habita la inteligencia? Se esconde de los ojos de toda criatura; ¡hasta de las aves del cielo se oculta! La destrucción y la muerte afirman: "Algo acerca de su fama llegó a nuestros oídos". Solo Dios sabe llegar hasta ella; solo él sabe dónde habita.

—JOB 28:12-23

Dios te va a revelar un camino escondido de los ignorantes.

Hay dos clases de personas en el mundo: los ignorantes y los sabios. No importa cuál sea su raza, su color, su estatus social, su posición política, ni su sexo.

Los ignorantes:

1. Salomón, en el libro de Proverbios los llama simples. Salomón dice que el simple todo lo cree, no se prepara, recibe el daño, y todas las calamidades le llegan. Es importante diferenciar sencillez de simpleza. La RAE define simpleza como 'bobería, necedad; cosa de poca importancia', y sencillez, como 'cualidad de sencillo'. Y sencillo significa: 'Que no ofrece dificultad; carece de ostentación y adornos. Dicho de una persona: natural, espontánea,

que obra con llaneza'. Habiendo aclarado la diferencia del significado de ambas palabras, agregamos que los simples son personas manipulables, que creen cualquier cosa que un mentiroso les habla, y son llevados como borregos de un lugar a otro, para suplir los deseos o antojos de quien los conduce.

2. Ignorantes con conocimiento almacenado, pero que no agregan valor a su entorno ni a la sociedad. Se creen sabelotodos y dueños de la historia, cuando en definitiva tienen un conocimiento parcial y limitado de la vida.

3. Ignorantes con poder. ¡Qué peligrosos! La historia de nuestros países está plagada de ellos, lamentablemente. Si quieres conocer a una persona, entrégale poder y conocerás lo que lleva por dentro.

4. Ignorantes con Biblia. Juzgadores de todos los demás, tienen un versículo para cada quién. Poseen una visión ruinosa de la vida y de la historia.

5. Ignorantes ricos. Recibieron una herencia que dejaron sus padres, pero manifiestan ignorancia en la administración de esta. Como no buscan la sabiduría, la despilfarran y, al poco tiempo, no tienen nada.

Los sabios:

1. ¿Cómo nos hacemos sabios? ¿Dónde encontramos la verdadera sabiduría? La Biblia nos da las respuestas en Proverbios 1:7: "El temor del Señor es el principio del conocimiento; los necios desprecian la sabiduría y la disciplina". Dios, el autor y proveedor de la sabiduría, ¡Él es la sabiduría! Por lo tanto, quien no honra, ama y obedece a Dios, no adquiere sabiduría. Si todos los seres humanos buscásemos y honrásemos a Dios, el mundo sería un paraíso.

2. La RAE define sabiduría como 'grado más alto del conocimiento. Conducta prudente en la vida y en los negocios. Conocimiento profundo'. Sabio es todo aquel que es cauteloso para tomar decisiones trascendentes. No se va de bruces ante una propuesta sin discernir de dónde viene.

3. Gente no dominada por el sistema opresor de este mundo. Jesús, al orar al Padre a favor nuestro, dijo: "No te pido que los quites del mundo, sino que los protejas del maligno". Son nómadas para el sistema, pues no se dejan atrincherar, ni se arrodillan ante él, ni comprometen sus convicciones. Dios Padre te librará de malignidades, en respuesta a la oración de Jesús a tu favor.

4. Gente prudente, mística, pragmática y con liderazgo que impulsa a los demás a avanzar para su bien

personal, familiar y nacional. El apóstol Pablo, en 1 Corintios 2:7-8 dice:

Más bien, exponemos el misterio de la sabiduría de Dios, una sabiduría que ha estado escondida y que Dios había destinado para nuestra gloria desde la eternidad. Ninguno de los gobernantes de este mundo la entendió, porque de haberla entendido no habrían crucificado al Señor de la gloria.

Pablo habla de la sabiduría, no la de este mundo, sino la que el Dios eterno predestinó para nuestra gloria. Dicha sabiduría Dios nos la ha revelado por su Espíritu, porque el Espíritu todo lo escudriña. *"Ahora bien, Dios nos ha revelado esto por medio de su Espíritu, pues el Espíritu lo examina todo, hasta las profundidades de Dios"* (1 Corintios 2:10).

5. Sabio es aquel que reconoce no tener sabiduría, y, por lo tanto, la busca hasta poseerla. *"Adquiere sabiduría, adquiere inteligencia; no olvides mis palabras ni te apartes de ellas"* (Proverbios 4:5). ¡Qué gran noticia! La sabiduría y la inteligencia están a nuestro alcance. Solo debemos buscarlas y las hallaremos. Proverbios 4:6-7 dice: *"No abandones nunca a la sabiduría, y ella te protegerá; ámala, y ella te cuidará. La sabiduría es lo primero. ¡Adquiere sabiduría! Por sobre todas las cosas, adquiere discernimiento"*.

6. Sabio es quien busca la dirección de Dios para transitar el camino que ha sido reservado para los que

lo honran. *"Y dijo a los mortales: 'Temer al Señor: ¡eso es sabiduría! Apartarse del mal: ¡eso es discernimiento!'"* (Job 28:28). Si Dios dice que ese es el camino, no lo discutas: transita por él.

Dios, en su gran bondad para con nosotros, ¿a qué nos insta? A que busquemos la senda que nunca conoció ave, ni ojo de buitre vio. Senda que los hombres mundanos que ostentan poder o riquezas no pueden reconocer, porque les es oculta. Más nosotros, los hijos del Eterno, tal como el minero desciende a las profundidades de la tierra para buscar el metal precioso, penetramos a las profundidades del Espíritu a buscar su dirección hasta encontrar el camino reservado para nuestra bendición. ¡El cisne negro aún vive! Y está sobre nuestras vidas, sobre nuestras familias, sobre nuestras naciones. Dios está anhelante de bendecirnos y hacer manifiesta tal bendición. Créele a Dios, y un suceso tipo cisne negro, con posibilidades tendientes a cero, viene con impacto positivo sin precedentes sobre nuestras vidas, y va a manifestarse en nuestros días. Es la certeza de saber que lo que Dios dice se cumple.

Analiza tu mente y tu hablar. Medita en las motivaciones de tu corazón. Corrige lo que deba ser corregido y quita lo que deba ser quitado. Eres sabio. No permitas que la insensatez y la ignorancia te ganen ventaja. Vive bajo la cobertura del año agradable del Señor.

El cisne negro vive aún, y lo que Dios nos dice se

cumplirá. Se manifestará lo insólito, lo nunca imaginado, pues, como está escrito: *"Ningún ojo ha visto, ningún oído ha escuchado, ninguna mente humana ha concebido lo que Dios ha preparado para quienes lo aman"* (1 Corintios 2:9). Esto no es un deseo meramente, está escrito en la Palabra de Dios, y así será. Por eso es vital que hagas lo que conoces, para que se te manifieste lo que desconoces.

"Si vivimos, para el Señor vivimos; y, si morimos, para el Señor morimos. Así pues, sea que vivamos o que muramos, del Señor somos" (Romanos 14:8). Vivir bajo su señorío es vivir con la confianza de que Dios nos va a proveer *"muchísimo más que todo lo que podamos imaginarnos o pedir, por el poder que obra eficazmente en nosotros"* (Efesios 3:20).

Tu vida en esta Tierra no es eterna. Un día se acabará tu tiempo aquí, y solo te espera la eternidad, ante un Padre con los brazos abiertos, o ante el Juez justo. Por lo tanto, caminar la senda que no conoció ave, ni ojo de buitre vio solo es posible bajo el señorío de Cristo en nosotros.

Estar bajo el señorío de Cristo es vivir en lo proclamado por Jesús:

"El Espíritu del Señor está sobre mí, por cuanto me ha ungido para anunciar buenas nuevas a los pobres. Me ha enviado a proclamar libertad a los cautivos y dar vista a los ciegos, a poner en libertad a los oprimidos, a pregonar el año del favor del Señor". *Luego enrolló el libro, se lo devolvió al ayudante y se sentó. Todos los que estaban en la sinagoga*

lo miraban detenidamente, y él comenzó a hablarles: "Hoy se cumple esta Escritura en presencia de ustedes".

—Lucas 4:18-21

Los años cronológicos, ya sea en el calendario romano o en el calendario hebreo, están enumerados. Cada año que vivimos representa un número. Al inicio del año, se escuchan y se leen palabras proféticas que anuncian cómo será el transcurrir de ese periodo. Sin embargo, Jesucristo, hace más de dos mil años, instauró *"El año del favor del Señor".* Cada año que vivimos, lo hacemos bajo la cubierta del año favorable del Señor.

Aprende a clamar y no solamente a orar. *"Así mismo, en nuestra debilidad el Espíritu acude a ayudarnos. No sabemos qué pedir, pero el Espíritu mismo intercede por nosotros con gemidos que no pueden expresarse con palabras"* (Romanos 8:26). Cuando se está angustiado, hasta el más incrédulo reza un Padrenuestro. Cualquiera ora para calmar la conciencia. Pero clamar implica un gemido interior, que te conecta con la convicción de que vives bajo la cubierta del año del favor del Señor. Introduce tus años bajo su cobertura, pues estando allí, la desesperación y la angustia no tienen cabida.

El clamor conlleva un profundo deseo de ser escuchado. *"Cual ciervo jadeante en busca del agua, así te busca, oh Dios, todo mi ser. Tengo sed de Dios, del Dios de la vida. ¿Cuándo podré presentarme ante Dios?"* (Salmo 42:1-2). No se puede clamar sin tener carga interior; solo el Señor da respuestas que vienen acompañadas de estrategias divinas.

En una oportunidad, Dios le dijo a David que peleara de frente; en otra oportunidad, le dijo: *"rodéalos hasta llegar a los árboles de bálsamo, y entonces atácalos por la retaguardia. Tan pronto como oigas un ruido como de pasos sobre las copas de los árboles, atácalos, pues eso quiere decir que Dios va al frente de ti para derrotar al ejército filisteo"* (1 Crónicas 14:14-15). Para cada ataque de las tinieblas, Dios tiene una estrategia, y cuando te la entregue, ora, clama, guerrea en lo espiritual y acciona, pues la victoria ya fue dada.

Clamar es tener carga en tu corazón por ver la manifestación de Dios obrar sobre una circunstancia. No se clama sino hay dolor por la nación, por la familia, por el matrimonio. Si vives bajo la cubierta del año de favor del Señor, tu oración y clamor están dentro de Él, y lo que ha de venir, vendrá, y no tardará.

El sabio sabe cómo asegurar la bendición de Dios en su casa a través del inmenso poder de las primicias.

También recibirán lo mejor de todas las primicias y de todas las ofrendas que ustedes presenten. Les darán a los sacerdotes, para su pan, lo mejor de sus masas. Así mi bendición reposará sobre los hogares de ustedes.

—EZEQUIEL 44:30

Más bien, busquen primeramente el reino de Dios y su justicia, y todas estas cosas les serán añadidas.

—MATEO 6:33

Tus primicias, bajo la cubierta del año del favor del Señor, determinan tu cosecha en el año cronológico que vives o que esté por comenzar. Van más allá de una fiesta o de una fecha; es un principio eterno que garantiza las cosechas futuras. Por ello practicamos este principio durante todo el año, y en especial en el mes de enero, pues así aseguramos la bendición de Dios sobre nuestras casas, y el cisne negro se nos va manifestar con poder y con gloria.

Tu mayor bendición no se fue, está viniendo hacia ti, porque ¡el cisne negro aún vive!

Jesucristo, el Hijo de Dios, vino a este mundo cuando nadie lo esperaba. Su llegada produjo, hasta el día de hoy y por la eternidad, el mayor y más grande impacto que jamás haya ocurrido en la humanidad. Para unos, con efecto negativo, por no reconocerlo como Señor y Dios; para nosotros, sus hijos, la victoria total. ¡Al que cree, TODO le es posible! ¿Lo crees? ¡El cisne negro aún vive!